# 世界一受けたい日本史の授業

河合 敦

# はじめに

絶対に変わらないようで、確実に変わっている――じつは、それが歴史なのです。決定的な新発見や説得力のある新説――そうしたものが学会に受け入れられて定説になると、古い歴史は塗り替えられていくものなのです。

そんなわけで、日本史の教科書も改定のたびに、その記述内容は更新されています。

本書では、そんな歴史教科書のうち、大きく変わった部分を紹介したいと思っています。

たとえば鎌倉幕府の創設。きっと「いい国（１１９２）つくろう」と覚えましたね。しかし、何をもって武家政権の成立ととらえるかは諸説あって、いまだ決着を見ていません。そんなことで最近の教科書では、「１１９２年に鎌倉幕府が創設された」と断言してあるものはひとつもないのです。

ところで近年、日本史の教科書から有名な歴史人物の肖像画が次々に消えている事実をご存知でしょうか。その代表的な例が、今述べた鎌倉幕府をつくった源頼朝です。

有名な京都神護寺《じんごじ》の彼の肖像画は鎌倉後期以降の作と考えられるようになり、かなり前から教科書には「伝《でん》」という語がつきはじめます。さらに足利直義《あしかがただよし》を描いたものだという説が強くなり、いまや日本史の教科書には掲載されないようになっているんです。

室町幕府を創設した足利尊氏《たかうじ》像（京都国立博物館蔵）も最近では教科書から消えたり、聖徳太子像（宮内庁所蔵）も太子を描いたものかどうか怪しいため日本史の教科書にはほとんど載っていません。

よく知られている源頼朝像や足利尊氏像、聖徳太子像が、本当は彼らを描いたのではなかっただなんて、きっとみなさんも、ビックリしたと思います。このように、学術研究の進展によって歴史は大きく変わっているのです。

近年の生物工学や遺伝子工学の発展も、やはり歴史の更新に大きく貢献しています。歴史と生物工学なんて関連がないように思えますが、考古学分野に関係してくるのです。

明石《あかし》原人、葛生《くずう》原人、牛川《うしかわ》人など、日本列島には原人や旧人がいたと教科書で習いましたね。ところが、最近の日本史教科書からは完全に消えているんです。人骨の科学的な研究が急速に進展し、その結果、これまで旧石器時代人だとされてきた人骨が否定されるようになったのです。

旧人（20万～4万年前）とされてきた牛川人の上腕骨は、なんと、ナウマン象のすね骨でした。50万年前の原人だとされていた栃木県葛生町出土の人骨も、虎などの獣骨に中世以降の人骨の寄せ集めだったことがわかりました。

新発見によって歴史教科書を塗り替えた例としては、日本最古の貨幣があります。これまでは和同開珎《わどうかいちん》が最古だといわれてきましたが、飛鳥池《あすかいけ》工房遺跡（奈良県明日香村）から富本銭《ふほんせん》が大量に出土し、国内で流通していた事実も確実になったため、最新の歴史教科書には富本銭が和同開珎よりも古い貨幣だと明記されるようになってきています。

絶対に変わらないのが歴史だというイメージがあります。しかしながらこのように、新説や新発見によって常に塗り変わっていくのが歴史という学問であり、いま紹介したように、改定のたびに日本史の教科書も、ずいぶんとその内容を変化させているのです。

本書を一読していただければ、かつて自分が勉強した歴史と、いま学校で教えられている歴史の落差にきっと驚かれるはずです。まさに目からウロコが落ちること請け合いです。

河合　敦

目次

## 第1章　あなたの習った教科書は、もう時代遅れ

## 第3章　歴史教科書だけではわからない、意外な事実

# 第1章
# あなたの習った教科書は、もう時代遅れ

## 教科書で見た歴史人物の肖像画は別人だった!?

みなさんはきっと、有名な歴史上の人物について、確固たるイメージを持っていると思います。ただ、そうしたイメージの多くは、テレビや映画の影響を強く受けているのです。

たとえば水戸黄門(第二代水戸藩主・徳川光圀《みつくに》)――私たちが彼の容貌を思い浮かべると き、きっとシワシワのおじいさんが頭のなかに現われるはず。それが、テレビドラマの影響であることは間違いありませんよね。

でも、古記録によると、じっさいの水戸黄門は、たいへん色白で鼻筋が通り、面長で額が広い美男子だったとあります。彼に会った人のなかには、あまりの美しさに気絶してしまったという言い伝えも残っているほどです。長いヒゲもありません。

このように、虚構(ドラマ)と史実とでは、まったくその容貌が異なるのです。

若くて美男子の黄門様を想像してみてください。おそらく、みなさんの固定観念はガラガラと崩れ去ることでしょう。

水戸黄門だけではありません。鬼平こと長谷川平蔵、暴れん坊将軍の徳川吉宗――この

2人をイメージするとき、みなさんの頭のなかには、きっと中村吉右衛門さんや松平健さんの顔がよぎることでしょう。

つまり、私たちの歴史上の人物に対するイメージは、テレビなどの映像から形成されていく場合が多いのです。もちろん、肖像画や写真も、これと同じような効果を持ちえます。とくに日本史の教科書に出てくる肖像画や写真などは、それが本当に歴史上の人物を模写したり写したものだと信じていますから、その影響力はこの上なく絶大です。

でも近年、驚くことに、有名な歴史人物の肖像画が、実は全く別人だったという説が次々登場して、じっさいに教科書から肖像画がどんどん消えてなくなっているのです。

## 源頼朝像に大いなる疑義！　では、この武士の正体は？

たとえば京都の神護寺《じんごじ》に、神護寺三像と呼ばれる肖像画がありますが、そのうちのひとつが、これまでは源頼朝像だと考えられていて、昔は必ずといってよいほど教科書で『源頼朝像』として紹介されていました。

この肖像画は、似絵《にせえ》の大家・藤原隆信が描いたとされ、国宝に指定されています。きっとみなさんも、源頼朝といったら、この肖像を思い浮かべるはずです。

ところが、です。二十年くらい前の教科書から『源頼朝像』の前に『伝《でん》』という文字が

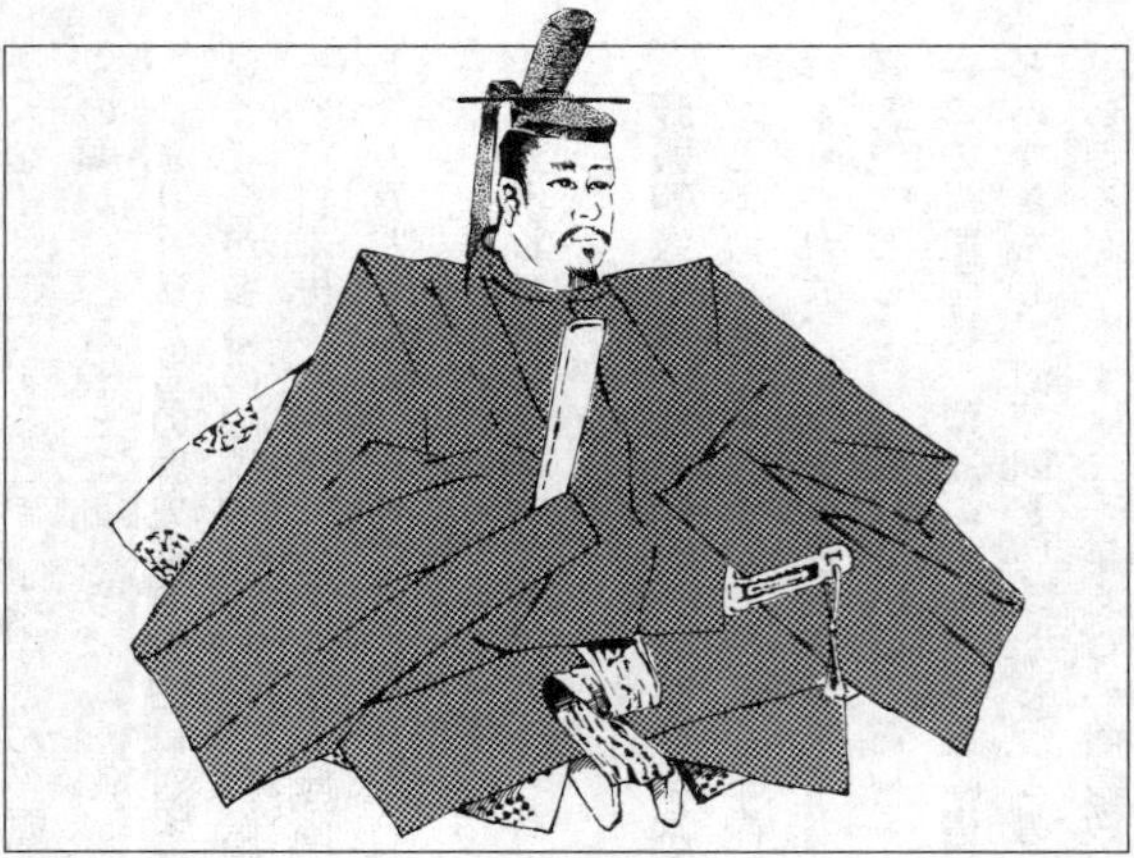

「伝・源頼朝像」

つくようになってきたのです。

「この肖像は、昔から頼朝だと伝えられている」という意味の『伝』です。

その理由は、美術史の専門家らが「この像は、頼朝の時代から百数十年以上あと（鎌倉末期以降）のものである可能性が高い」と結論を下した結果が、教科書に反映したためです。じっさい、画中に像主の名は記されておらず、確かに頼朝であるという確証はいっさいないのです。

「この絵は頼朝を描いたもの」とする所蔵元の神護寺に伝わる話を信じてきただけなのです。

頼朝でないとすると、この武士はいったい誰なのか？

それは、室町幕府を創設した足利尊氏《たかうじ》の実

弟・足利直義《ただよし》だと、美術史家・米倉迪夫《みちお》氏はその著書『源頼朝像 沈黙の肖像画』（平凡社）のなかで発表しました。

米倉氏は、足利直義本人が神護寺に「請願成就を祈念して、兄の尊氏と自分の肖像を奉納する」と記した『足利直義願文』を根拠に、さまざまな観点から間接的な証拠をあげ、「源頼朝像といわれてきた肖像は足利直義を描いたものであり、そのほかの神護寺の二像は、足利尊氏と足利義詮《よしあきら》（尊氏の子で二代将軍）を描いたものだ」と結論づけたのです。

いずれにしても、像主が足利直義だというのは、衝撃的な見解です。

ただ、この米倉説については、説得力があるものの、学会のなかでは異論もあります。けれど、歴史学者で絵画史料の読解を得意とする黒田日出男東京大学史料編纂所教授も、米倉氏の説を追証して賛同しており、この説は現在、ほぼ定説になっているといえるでしょう。

こうした状況もあり、日本史の教科書からはほとんど神護寺の肖像画は消えてしまいました。

それにしても、これまで藤原隆信の最高傑作だと教科書に記されてきた神護寺の肖像画、あの、凛々《りり》しい端正な肖像が頼朝でないというのは、それを信じてきた私にとっては非常にショックでした。

きっとみなさんも、大いに驚かれたことと思います。

ところが、こうしたことは、実は源頼朝だけに限らないのです。

## 聖徳太子像・足利尊氏像・武田信玄像にも「本人ではない」という説

たとえば、聖徳太子像（宮内庁所蔵）。これについては何度もお札《さつ》になっているので、知らないという人はいないでしょう。ところがこれ、はたして聖徳太子を描いたものかどうか、たいへん怪しいのです。

肖像が聖徳太子であるというのは、かつての所蔵元の法隆寺に伝わってきた伝承にすぎず、作製年代も、少なくても聖徳太子が死んでから１００年以上あとなのです。ということは、たとえ太子を描いたものだとしても、写真もない時代ですから、きっとその容貌は似ても似つかないものだったはずです。

さらには、左に載せた足利尊氏像（京都国立博物館蔵）。この、馬にまたがり、髪の毛を振り乱して疾走している有名な像ですね。

ところが尊氏像も、尊氏を描いたものでないといわれているのです。これについては、学会のなかではすでに定説になっているんです。

では、いったい誰かということですが、それに関しては、細川頼之《よりゆき》だとか、高師直《こうのもろなお》だ

「騎馬武者像」（京都国立博物館蔵）は足利尊氏とされていたが……

とか、あるいは高師詮《もろあきら》など、諸説があっていまだ確定されていません。

　さらに、絹本着色武田信玄像（和歌山県高野山成慶院《せいけいいん》蔵）も、武田信玄を描いたものかどうか怪しくなってきています。

　禿頭にもみあげ、それに立派な口ひげ――それが私たちが抱く武田信玄という戦国武将の姿だと思います。そんなイメージのもとになっているのが、長谷川等伯《とうはく》の作とされる肖像画です。

　しかしながら歴史研究家の藤本正行氏は、この肖像画についていくつもの証拠を並べ、像主を信玄でなく畠山義続《はたけやまよしつぐ》だと主張しています。これについてはいまだ反対意見も強く、見解は割れていますが、ただ、信玄を描いたものでないことはだんだんと有力になりつつあります。

いずれにしても、これまで紹介してきた疑惑の肖像画は、みな超有名な歴史上の人物ばかり。もし今後、さらに肖像画の研究が進み、こうした偉人たちの肖像画が、完全に他人の肖像だと判明すれば、私たちの思い描く歴史上の人物像も大きく変容してしまうでしょう。

## 蒙古襲来絵詞《えことば》のモンゴル兵士は、後世の描きこみだった！

日本史の教科書には、元寇《げんこう》（蒙古襲来）のために幕府の御家人たちの貧窮化が進んだと記されています。彼らは遠く博多まで赴《おもむ》き、幕府のために命を捨てて戦い、多くが死傷しました。そんな御家人に対し幕府は、外国との戦争だったために十分な恩賞（土地）を与えることができなかったからです。

肥後国（熊本県）の御家人・竹崎季長《すえなが》も、多大な戦功をあげたのに、幕府から恩賞の沙《さ》汰《た》がありませんでした。そこで季長は、自分の活躍を描いた絵巻物をつくり、肥後からわざわざ鎌倉まで持参し、御恩奉行の安達泰盛にそれを見せて恩賞を要求したと伝えられています（子孫のために自分の活躍を絵巻物として残したという説もある）。

その絵巻物というのが、『蒙古襲来絵詞』です。これを目にした泰盛は、その戦功を認めて海東郡の地頭職を季長に与えたといいます。

ただ、この『蒙古襲来絵詞』には、とっても謎が多いのです。そもそも竹崎季長という御家人が、どのような人物なのかよくわかっていません。また、絵巻を作成した画工についても、京都の土佐長章《ながあき》・長隆《ながたか》父子説、大宰府近在の絵師説、肥後国熊本の画工説など、いまだ特定されておらず、なおかつ、その美術的な価値に関しても、研究者のあいだで意見が割れているんです。

しかし、このように由来が不明確であるにもかかわらず、『蒙古襲来絵詞』はほとんどの日本史の教科書に載っています。たぶん、みなさんも見た記憶があるのではないでしょうか。

## 絵詞修復後の描きこみは蒙古兵だけではなかった？

なかでも教科書が好んで掲載するのが、蒙古兵と季長が戦っている場面です。

左方にいる蒙古兵３名が、騎乗の季長に向かって矢を射こんでいる絵です。季長の愛馬には何本もの矢が突き刺さり、血を流して激しく跳ねています。中空には矢が飛び交い、

「てつはう」と呼ぶ火薬を使用した武器が、絵の真ん中で火を噴いて炸裂してます。非常に躍動感があり、初めて見たとき、私などは構図の見事さに感心したことを覚えています。そんな大きなインパクトがあるため、おそらく教科書も好んで使用するのでしょう。

ところが、です。

中村学園大学の佐藤鉄太郎教授は、「この絵のなかにいる蒙古兵3人は、後世の描きこみである」と主張しているのです。

その決定的論拠は、紙の継ぎ目です。

『蒙古襲来絵詞』はのちに修復され、原紙を台紙に貼りつけてあります。ちょうどその継ぎ目に真ん中の蒙古兵が描かれているのですが、その姿がズレずにちゃんとピタリとつながっているのです。

「そんなことは、あたりまえのことではないか」

きっとみなさんは、そう思うでしょう。

でも、ピタリと継ぎ目が合わさってはいけないのです。なぜなら、原紙と原紙の継ぎ目が、もともと4センチほど上下にズレて台紙に貼られているのですから——。つまり、継ぎ目に描かれた蒙古兵の姿も、そのズレに従って上下にぶれていなくてはならないのです。にもかかわらず、継ぎ目にズレを見せずに描かれている蒙古兵——それがいったい何を

「蒙古襲来絵詞」(宮内庁三の丸尚蔵館蔵)

意味するのか。

もうわかりましたよね。そうです。この蒙古兵は、絵詞が修復されたあとに描かれたということなのです。後世の描きこみだったのです。さらに左右にいる蒙古兵も、真ん中の人物と同じ塗料を使用していることから、同時期に描かれたものだといいます。

さらに佐藤氏は、『蒙古襲来絵詞』には、こうした後世の描きこみや改竄《かいざん》がいたるところで見られ、季長の周りの矢も後世のつけ足しであり、なんと、日本の武士を驚愕させた「てつはう」という武器さえも、加筆ではないかというのです。

佐藤氏の説は、なんとも驚きです。しかし、これは学会の多くが認めるところになりつつあります。

いまでも元寇というと、私たちの多くが、『蒙古襲来絵詞』を思い浮かべるはずです。それが蒙古兵や「てつはう」が後世の描きこみだなんて、私たちの思い描く元寇のイメージは大きく崩れてしまいますよね。

## 江戸時代の日本には、鎖国制度なんて存在しなかった!

みなさんは、かつて歴史の授業で習った「鎖国」という制度を覚えていますか?

そう、江戸時代に始まった制度ですね。鎖国にいたる流れはとても複雑で、時系列を理解するのはきっと大変だったのではないでしょうか。

ちょっと復習してみましょう。

鎖国制度は、徳川家康が1613年、全国にキリスト教禁止令を出したあたりから始まります。1624年にはスペイン船の来貢が禁止され、1633年には、幕府の老中が出した奉書を持たない日本の船は、海外へ出ることを許されなくなりました。さらに1635年には、日本人の海外渡航は全面禁止になってしまいます。

そして1639年、ポルトガル船の来航が禁止され、2年後、オランダの商館を出島という人工の島へ移転させ、日本人との接触をさせないようにしたことによって、鎖国体制は完成したといわれます。

どうでしょうか、思い出していただけましたか。

ところで、いまでも多くの人が、鎖国制度というのは「国を閉ざして外国との交際を絶った幕府の閉鎖的な政策だ」と思いこんでいます。

でも、そんなふうに日本史の授業で教えていたのは、もう30年も昔の話です。いまの先生たちは、そうした授業は展開していないはずです。

にもかかわらず、このような誤解が生じるのは、「国を鎖《とざ》す」を意味する『鎖国』という言葉がいけないのです。

**幕府がつきあいを絶ったのは特定の2国だけだった**

はっきりいって、日本は江戸時代、国を閉ざしてなんかいないのです。つきあいをやめたのは、スペインとポルトガルの2国だけです。この2国以外とは、ずっとその後もつきあいつづけているのです。イギリスが日本から去ったのは、オランダとの商売競争に敗れた結果で、自らの意志で退去したのです。

なお、オランダとは江戸時代を通じて貿易がおこなわれていますし、中国（明、のちに清）や朝鮮とも交易をしていました。

ちなみに、これ以外の国と交際しなかったのは、「おつきあいをしてください。商売をしましょうよ」という国が、日本列島に来訪しなかったからです。もしやってきたなら、おそらく幕府は交易を許可したのではないでしょうか。

じっさい、江戸の中期、幕府の老中・田沼意次《おきつぐ》は、蝦夷地《えぞち》に出没するようになったロシア人との交易を計画しているんです。また、その後、老中・松平定信が幕政を担当していた１７９２年、ロシアのラクスマンが蝦夷地の根室に来航し、交易を幕府に求めたのですが、このとき、なんと松平定信はロシアと国交を開く決意をしています。

ただ、幕府の唯一の国際港は長崎でしたから、国交樹立にあたり幕府はラクスマンに、長崎へ赴くよう指示しました。しかし、ラクスマンは同地へ向かわず帰国してしまったので、国交は成立しませんでした。

もし、あのときラクスマンが長崎に現われたなら、ペリーが来航する60年以上前に、幕府はロシアと交易をおこなうことになっていたはずです。

このように、幕府は特定の２国に対してつきあいを絶っただけなのです。

## 幕府がスペイン・ポルトガルと断交した本当の理由は？

参考までにいえば、当時、東アジアの国々は、我が国と同じように国民の海外への渡航を禁じていました。そういった意味では、幕府の日本人海外渡航の禁止という措置も、我が国独自の政策ではなかったわけです。

この時期のアジアにおける海外渡航制限を、世界史では「海禁」政策と呼んでいます。そのため、近世史の学者たちにも近年、日本史においても「鎖国という語をやめて海禁という用語を用いるべきだ」という意見が大勢を占めるようになってきています。

そんな影響もあるのか、最新の日本史教科書は、「鎖国制度」と書かずに「いわゆる鎖国制度」というように、「いわゆる」という言葉を冠して、「国を鎖《とざ》した」というイメージを少しでも和らげようと努力しています。さらに2017年2月、文科省も次の小・中学校の学習指導要領の改定のさい、「鎖国」という項目を改め、実態に即して「幕府の対外政策」と表記すると発表しました。ところが国民の反対が強く、なんと変更の断念を余儀なくされてしまったのです。おかしな話ですね。

ところで、スペインとポルトガルとの国交を絶った理由ですが、いうまでもなくそれは、両国の宣教師によってキリスト教が国内に浸透するのを防ごうとする目的からでした。とくに幕府は、キリシタンの一揆を危惧しました。

ただ、不思議なのは、幕府は政権を発足させてから数十年間も両国とは交際を続けてきました。なのになぜ、この時期になって急につきあいを絶とうと決意したのでしょうか。

それは、スペイン・ポルトガルから大量に輸入していた中国産生糸が、新たに貿易に参入したオランダやイギリスからも購入することが可能になったからです。なおかつこの両国は、キリスト教の布教を強制せず、貿易の利益だけを求めました。これは幕府にとってまことに好都合で、それだからこそ断交に踏み切れたのです。

ちなみに、幕府のスペイン・ポルトガルに対する断交は、オランダの陰謀だったという説もあります。なぜなら、それによっていちばん得をするのが、幕府との貿易を独占できることになるオランダだからです。事実、オランダは盛んにキリシタンの団結の恐ろしさを説き、スペイン・ポルトガルの領土欲を幕閣に吹きこんでいます。

## 中国(清)の貨幣経済は日本から輸入した銅で成り立っていた！

さて、少し話は変わります。

鎖国後の対外貿易について、お話ししたいと思います。

ご存知のように、幕府が唯一海外に開いていた港は長崎です。この港で幕府はオランダと清国と貿易をしました。おそらくみなさんは、「鎖国の時代だから貿易額もたいしたことはなかろう」と思っているかもしれません。しかし、それは大きな誤りです。
その取引量は、莫大でした。とくにすごかったのは、日本からの輸出です。清国（中国）の唐船は、多大な銀・銅を長崎から大陸へ運んでいきました。なかでも銅は、銅銭の原料に用いられましたが、驚くことに18世紀の前半、清国の銅銭原料の6〜8割が日本産の銅だったのです。つまり、日本の銅なしには、清国の貨幣経済は機能しなかったといえるのです。

また、意外に知られていないのは、朝鮮との交易です。朝鮮は幕府の新将軍誕生のたびに通信使を派遣してきましたが、つきあいはそれだけではありませんでした。対馬の宗氏は、朝鮮国内に貿易センターを置いて多数の家臣を送りこみ、盛んに交易をおこなっているのです。そしてやはり、宗氏を通じてわが国から朝鮮へ、莫大な銀や銅が流れていきました。

さらに、当時薩摩藩の支配下にあった琉球王国も、独立国を装って清国と交易していましたが、その輸出品の多くは日本列島から集めた産物でした。

以上述べたように、江戸時代、幕府は国を閉ざそうという意識は持たなかったし、じっさい長崎・対馬・琉球、あるいは蝦夷地を通じて、盛んに外国と交易をしていたんです。
こうした状態を「鎖国」と呼ぶのは、やはりおかしいと思いませんか？

## 厩戸《うまやど》皇子（聖徳太子）がつくったとされる憲法十七条は偽作だった？

厩戸皇子（聖徳太子）が604年に自らつくったとされる憲法十七条。憲法という名がついてしまっているから、なかには日本国憲法のような近代憲法をイメージして、国家の基本法典だと思いこんでいる人がいるかもしれませんね。でも、それは違いますよ。

日本史の教科書には、「天皇を君主とする国家の秩序を確立するために、豪族たちに対して官吏としてまもるべき心がまえを説くとともに、仏教を国家の精神的なよりどころにしようとした」（『新選日本史B』東京書籍　2017年）という説明がなされています。

また、『日本書紀』（720年に成立したわが国初の国史）に記載されている憲法十七条の内容を簡単に要約すれば、

「豪族（朝廷の貴族）たる者は、官僚として天皇に忠実に仕え、仏教を尊崇し、不正をおこなってはならない」

となります。

つまり、国家の基本法典ではなく、豪族に向けた訓戒といったほうが的確なのです。

厩戸皇子（聖徳太子）ら朝廷の有力者は、中国の統一王朝である隋を模倣して、天皇を中心とした中央集権的官僚国家をつくりたいと考えており、それがこの憲法を発布したいちばんの動機だといわれているんです。

ところで日本人は、あまり自己主張を強くせず、たいへん協調性に富んだ民族だとよくいわれますが、「人の和が大切なんですよ」と初めて説いたのも、この憲法十七条です。第1条には、「和を以て貴《たっと》しとなし、忤《さから》ふることなきを宗《むね》とせよ」とあり、「人との協調を大切にしなさい」と、和の必要性が明記されています。有名なセリフなので、ご存知の方も多いと思います。

ところが、です。なんと江戸時代から、「この憲法十七条は厩戸皇子（聖徳太子）がつくったものではない」とする説が強く存在するんです。

江戸後期の学者・狩谷棭斎《かりやえきさい》は、「この憲法は太子の作ではなく、『日本書紀』の編者の創作である」と主張しています。この狩谷の説を発展・継承するかたちで、近代における日本古代史の大家・津田左右吉《そうきち》氏も、

「当時は氏姓制度で成り立っていたのに、のちの官僚制度を思わせるような箇所が少なく、さらに条文中の『国司』とか『国造《くにのみやつこ》』という役職は、645年の大化改新以後のものである。だからこの憲法は、天武・持統《じとう》天皇のころの偽作である」

そう断定したのです。

しかしながら、その後この見解に対する反論が相次ぎ、現在では、『日本書紀』の編者による字句の改変などがいくつも存在するが、大筋では憲法十七条は厩戸皇子（聖徳太子）本人がつくったと断定できないものの、この時代につくられたものだと認めてよいのではないか」というのが有力になってきています。

けれど、偽作説が完全に覆滅されたわけではないようで、今後の研究の進展によってひっくりかえってしまう可能性もあるようです。意外ですね。

## 坂本龍馬が仲介した薩長同盟は、倒幕の密約ではなかった!?

1864年7月に勃発した「禁門の変」で、敵味方に分かれて戦った薩摩藩と長州藩。結局、長州軍は会津・薩摩を中心とした連合軍に敗れ、長州藩士は京都から追われて国元に逼塞《ひっそく》することになりました。このため、長州藩は深く薩摩藩を恨み、まさに犬猿の仲となったのです。

「しかし、欧米列強の植民地にならないためには、老朽化した幕府政権を倒し、どうしても朝廷を中心とした近代的統一国家をつくらねばならない。そのためには、旧怨を水に流して軍事大国の薩摩と長州が手を組む必要がある」

そう考えたのが、土佐藩出身の浪人・坂本龍馬と中岡慎太郎でした。

龍馬は同郷の中岡とともに、薩長同盟の締結に向けて両藩の説得にあたります。その甲斐あって1866年正月、京都の薩摩藩邸（薩摩の小松帯刀《たてわき》の屋敷とも）で薩摩の西郷隆盛らと長州の桂小五郎（木戸孝允《たかよし》）の会談が実現しました。

けれども、これまでの相手方への憎悪と藩のメンツのため、薩摩も長州も自分のほうから同盟の件を切り出せないで、数日がすぎていきました。ちょうどそのころ、この会談に心血をそそいだ龍馬が京都に到着、話し合いが進展していない状況を知り、世界情勢を説いて関係者を厳しく叱咤し、ついに同盟を締結させたといいます。

このエピソードは、幕末ファンなら、誰でもよく知る物語でしょう。

ところが1996年、歴史研究者の一坂太郎氏が『歴史読本』11月号のなかで、「坂本龍馬は薩長同盟の成立の場にいなかった。龍馬が京都に到着したのは、成立から数日後である」と、その研究成果を発表し、世間に衝撃を与えました。私も龍馬が大好きだったので、薩長同盟の席に彼がいなかったというのは、にわかには信じられませんでした。

しかしその後、この説については芳即正《かんばしのりまさ》氏がその著書『坂本龍馬と薩長同盟』（高城

近代的統一国家建設のため心血を注いだ坂本龍馬

書房　1998年）のなかで、薩摩藩の動きを詳細に分析し、最終的に「薩長同盟の成立の場に龍馬が同席していた」と結論づけました。同じく、龍馬不在説を否定する説が次々に出され、現在では一坂説は否定される方向に動いているようです。今後の展開を見守りたいと思います。

## 薩長同盟は、薩摩藩が長州藩に与えた単なる口約束だった

ところで歴史教科書では、薩長同盟はどのように記述されているのでしょうか。

たとえば中学校の教科書では「長州藩と薩摩藩は反幕府の立場をとりました。対立していた両藩は、土佐藩（高知県）の坂本龍馬らのなかだちにより、1866年にひそかに同盟を結び（薩長同盟）、幕府を倒す（倒幕）運動へと動き出しました」（『社会科　中学校の歴史』帝国書院　2018年）

次に2種類の日本史の教科書も紹介しましょう。

「土佐藩出身の坂本龍馬・中岡慎太郎らの仲介で薩摩藩は長州藩と軍事同盟の密約を結び（薩長連合、または薩長同盟）、反幕府の態度を固めた」（『詳説日本史B』山川出版社　2018年）

「薩長両藩は土佐出身の坂本龍馬と中岡慎太郎の仲介により、1866（慶応2）年1月、

幕府に対抗する同盟を秘密裡にむすんだ（薩長同盟）」（『日本史B』実教出版　2018年）

いずれも、薩長同盟は「幕府を倒すことを目的にした秘密の軍事同盟」とする主旨になっていることがわかりますね。

ところが近年、それは違うという説が有力になってきているんです。

この同盟が成立したことで、孤立していた長州藩が薩摩藩の名義で外国の武器や船舶を購入できるようになり、それらを用いて第二次長州征討のさい領内に攻めこもうとした幕府軍を撃退していることから、この同盟が倒幕に多大な影響を与えたことは確かです。しかし、第二次長州征討が開始されたのは、薩長同盟が結ばれた5カ月後なのです。もしそれが攻守同盟たる軍事同盟だというなら、なぜ薩摩藩は長州藩に味方していっしょに幕府軍と戦わなかったのでしょうか。おかしいですよね。

じっさい、薩長同盟の条文を見るかぎり、「薩摩藩が、一方的に朝敵の烙印《らくいん》をおされて征伐されそうになっている長州藩をアシストしますよ」というのが主たる内容になっていて、「幕府軍と戦います、幕府を倒します」なんて文言は一言も出てきません。

もっと驚くことをいってしまえば、薩長同盟にはそもそも確かな条文なんて、存在しないのです。

かなりビックリしたと思いますが、薩長同盟は薩摩藩が長州藩に与えた単なる口約束だったんです。

だから、それを実行してくれるかどうかが不安だったのでしょう、長州藩の桂小五郎は、自分が当日手帖に控えていたのか、記憶していたのか定かではありませんが、龍馬への手紙に会談のときに西郷と約束した文言を認《したた》めて、「確かこれでよかったんだよね。間違いなかったら、この手紙にサインをちょうだいね」と、いわゆる裏書き署名を求めました。

龍馬はこれに応じて、手紙の裏に朱筆で、「私はその場に同席しましたが、確かに西郷とこの約束をしました。保証しますよ」という裏書きと署名を与えたのです。

## 薩長同盟の真の目的は「一会桑《いちかいそう》政権」の打倒にあった

ところで、最初に薩長同盟の性格に疑問を呈したのは青山忠正氏でした。それを家近良樹氏が発展させるかたちで、「薩長同盟は、一会桑政権の打倒にあった」と論じるようになり、それが現在、有力になりつつあります。

「一会桑政権」というのは、おそらく聞き慣れない言葉だと思います。これは井上勲氏や宮地正人氏、原口清氏など歴史研究者が提唱した概念で、1864年以後、京都には幕府の代弁的立場以上の政治権力が存在したとする考え方です。

その京都における政治権力が、一橋慶喜《よしのぶ》（一橋家）、松平容保《かたもり》（会津藩）、松平定敬《さだあき》（桑名藩）の連合政権（一会桑政権）だというのです。

じっさい、薩長同盟の内容を認《したた》めた桂の手紙には、「幕府軍が長州を攻撃したときは、薩摩藩は3千の兵で京坂地方をかため、京都の治安維持をはかる。そして幕府と長州の戦争後、その勝敗にかかわらず、薩摩は朝敵になった長州の政治的復権を実現すべく朝廷工作をおこなう」と書いてあり、最後の部分に「もしこうした動きを慶喜や容保らが邪魔するときは、我々は武力行使も辞さない」と記されているのです。

そんなことから薩長同盟は、まずは長州藩を復権させること、もしそれを京都を支配している一会桑政権が妨害したときには同政権を打倒すること、を主たる目的としたのです。

つまり、この時点では江戸幕府自体を倒すなんて大それたことは考えていたわけではなかったのです。

そうしたことから、近いうちに「薩長同盟は、幕府を倒すことを目的にした秘密の軍事同盟である」といった教科書の記述は書き換えられると思います。

最後にいえば、意外なことに薩長同盟は、坂本龍馬が最初に考え出した策ではありません。福岡藩の筑前勤王派の月形洗蔵《つきがたせんぞう》や早川勇らが薩長和解工作を開始したのが初めで、それを土佐藩の土方久元《ひきもと》が引き継ぎ、その後にようやく龍馬らが久元から受け継いだのです。

## 吉田松陰の黒船密航計画は、海外渡航が目的ではなかった？

長州の吉田松陰といえば、松下村塾《しょうかそんじゅく》で幕末の志士や明治政府の政治家たちを多く育成した偉大な人物です。高杉晋作、久坂玄瑞《くさかげんずい》、伊藤博文、山県有朋《やまがたありとも》、品川弥二郎など、みな松陰の弟子でした。彼らは松陰によって世界への眼が開かれ、高く飛翔していったのです。

そんな偉大な教師であるため、私は高校の教師時代、授業のなかでかなり力を入れて松下村塾の教育について話をしたものですが、実は、その教育的業績を記した教科書というのは、あまり多くないのです。

松下村塾という言葉自体も、なんと15種類（日本史A・Bあわせて）の日本史教科書のうち5冊が掲載していないんです。日本史の教科書に、あの「松下村塾」という語が出てこないのですよ。

きっと、驚いた方もいるでしょう。

ただ、吉田松陰についていえば、ほとんどすべての教科書に登場します。では、松下村塾での吉田松陰を語らずして、いったいどの場面で松陰に言及しているのでしょうか。

吉田松陰が多くの子弟を育てた松下村塾（萩市観光課）

それは、松陰が黒船で密航しようとして幕府に逮捕され、処刑されたという部分です。いわゆる「安政の大獄《たいごく》」です。教科書を書いている学者たちは、こちらの場面のほうが歴史的に重要だと判断しているのです。

なお、教科書執筆者を多く含む高大連携歴史研究会は、２０１７年に日本史の授業で教える歴史用語は２０００語弱とすべきと提言しました。これについては賛成ですが、削減案に「吉田松陰」も含まれていました。私は大いに疑問を感じます。やはり彼の教育的業績は、すべての教科書に載せるべきでしょうね。

ただ、ご存知のように吉田松陰は、初めから塾で生徒を教えようと考えて松下村塾を主宰したわけではありません。彼は黒船で密航を企てた罪人として自宅に幽閉されてしまい、自由に外出もできなかったので、その不満をはらす気持ちもあって、慕いくる青年たちに自分の思想を伝授するようになったのです。

おそらく松陰が罪人でなければ、松下村塾で子弟を育成することはなかったでしょうし、それゆえ、幕末の長州が尊王攘夷に向けて暴走し、その結果として幕府が倒れることもなかったかもしれません。

## 松陰自身の証言で「海外密航」が定説化したが……

ところで、松陰が黒船で密航を企てた経緯です。よく事情を知っている方もいると思いますが、簡単に説明いたしましょう。

松陰は、外国人がわが国に頻繁に現われ、ついには開国を要求するようになると、強烈な危機意識を抱き、彼らをなんとか追い払おうと思いこむようになりました。外国人を追い払う、この行動を当時「攘夷《じょうい》」と呼びました。

「攘夷を成功させるためには、まず敵を知らなくてはならない」

そう松陰は考えるにいたったのです。そして、そのためには敵地へ乗りこむしかないと海外渡航を決意、1854年に再来したペリー艦隊に弟子とともに小舟で近づいていったわけです。

松陰は、乗組員たちに必死に頼みこんで乗船させてもらおうとしましたが、ペリー側は結ばれたばかりの日米和親条約に支障を来たしては困ると判断、これを許可しませんでした。こうして密航に失敗した松陰は幕府に自首しました。その後、幕府に捕らえられた松陰は故郷長州へ護送され入獄しました。そして一年後、藩から蟄居《ちっきょ》を命じられたのです。

ちなみに、いま私がお話しした松陰の密航についての動機は、本人が幕府や長州藩の取り調べで、「海外渡航するつもりだった」と証言しているので、完全に定説となっていました。私も授業で、そのように説明してきました。

ところが、これに異をとなえる学者が現われたのです。

岡崎学園国際短大の川口雅昭教授です。

## 松陰が黒船に近づいたのはペリー暗殺のためだった⁉

川口氏は、肥後勤王党の中村直方が肥後藩に提出した建白書のなかに、

「松陰が天下に先駆けてペリーを刺殺しようとして黒船に乗った」

と書かれていることに着目しました。

また、西郷隆盛と入水して亡くなってしまった勤王家の月照《げっしょう》は、生前、松陰から送られた詩の欄外に、

「肥後勤王党があなたに刺客になることを望んだ」

という意味の言葉を書きこんでいます。

さらに、松陰自身が弟子の久坂玄瑞にあてた手紙に、

「私はペリーを斬り殺そうとした」

と書いているんです。

こうしたことを証拠に、川口氏は吉田松陰の真の目的がペリー提督の殺害にあったと結論づけたのです。

では、なぜ幕府や長州藩の取り調べで、松陰は「私は海外渡航するつもりだった」と証言したのでしょうか？

「もしペリーを殺そうとしたなどと正直にいったら松陰の罪がずっと重くなり、再起を果たせなくなるばかりか、事件にかかわった他の仲間にまで被害がおよぶものと判断したのだろう」

そう川口氏は考えています。

いずれにしても、吉田松陰がペリーに対する刺客だったなんて、ちょっとイメージが狂いますね。

## ペリーと幕府の贈り物合戦の興味深い中身

1854年2月の、ペリーの2度めの来航のようすを描いた石版画が東京国立博物館に所蔵されています。この絵は、歴史教科書にもよく掲載されているので、みなさんもご存知かもしれません。

このときペリーは、横浜に上陸しました。絵には、アメリカ艦隊が海上に浮かび、約500人のアメリカ海兵隊が、整然と浜辺に並んでいるようすが描写されています。ただ、幕府の役人たちは手前に乱雑に立ち、左手の応接所にペリー一行が向かうのを見ています。当時の日本人に整列するという風習がなかったことがわかる、たいへん興味深い絵です。

この上陸の日よりわずか1カ月ちょっとで日米和親条約が締結され、幕府は正式に開国しました。この間、幕府とアメリカは互いに贈り物を交換しあっていますが、その品物がたいへん面白いのです。

アメリカ側のプレゼントは、何だと思いますか。

急に質問されても想像もつかないと思います。

答えは、小銃やサーベルなどの武器、アメリカの農具、天体運球儀や望遠鏡、時計、そして電信機など、文明の利器でした。なかでも幕府の役人たちを驚かせたのが、蒸気機関車の模型です。汽車は実物の4分の1の大きさでした。しかし精巧なもので、きちんと動いたのです。

横浜に陸揚げされた汽車は、アメリカ使節応接所の裏の麦畑で実際に試運転されました。そのためにアメリカ人技師も来日し、鉄道のレールも持参してきていたのです。

直径100メートルの円形のレールの上を、汽車が煙を吐いて蒸気の力で走りはじめました。最大時速は20マイル（32キロ）といいますから、けっこうスピードがあります。

この汽車の動きを見ていた幕府の儒者が、好奇心からこれに乗ってみたいと申し出ました。そしてじっさいに、汽車の屋根にまたがり、とてもご機嫌だったと、ペリーはその著書『日本遠征記』に記しています。汽車に乗った儒者は河田《かわだ》迪斎《てきさい》という人で、その日記に「火を発して動き、エントツから煙を吐き、車輪が回って飛ぶように速く動く。とても快い」と書いています。

いずれにしても、ペリー一行は、こうした文明の利器を日本人に見せつけることによって、近代文明の偉大さを認識させ、日本を開国に導こうとしたのです。

さて、こうしたアメリカの贈り物に対して、幕府はいったい何を相手方に贈ったのでしようか?

幕府のほうも漆器や刀などの工芸品など、アメリカ使節にさまざまなものを贈呈しています。ただ、そのうち最も面白い贈り物をあげるとすれば、それは米俵でしょう。これを黒船に運びこむさい、ビックリするようなパフォーマンスをしたからです。

なんと、相撲取りを運搬役に用いたのです。

巨体を持つ力士たちは、30〜60キロ近い米俵をアメリカの小船に運び入れるとき、それぞれが己の怪力をアメリカ人に誇示しました。

たとえば米俵を片手にそれぞれ2つ持って運んだり、歯でぶらさげて歩いたり、なかには俵を持って宙返りする力士までいたといいます。

これにはさすがにアメリカ人も驚いて、「なぜお前たちはそんな立派な身体と強い力を持っているのか」と尋ねたそうです。

すると力士たちは「毎日米をたらふく食べているから」と答えたといいますが、「日本人のなかには、アメリカ人に勝る体格の持ち主もいるのだぞ」と相手を驚かそうとする幕府側の意図が見え見えで、ちょっと悲しい気持ちになります。

ともあれ、この日米贈り物合戦は、文明国(アメリカ)と前近代国家(日本)の縮図があらわれているようで、たいへん興味深いといえるでしょう。

## 教科書から「慶安《けいあん》の御触書《おふれがき》」が消えつつあるワケは？

「慶安の御触書」の史料はかつて、どの日本史の教科書にも掲載されていました。ですから、たぶん高校時代にみなさんも読んだのではないでしょうか。

この「慶安の御触書」と呼ぶ幕府の法令には、農民の心得が32カ条にわたって詳細に記されています。

いくつか例をあげてみましょう。

「農民は、朝は草を刈り、昼は田畑の耕作に精を出し、夜には縄や俵を編むなどして、油断なく仕事をしなさい」

「たとえ美人の女房であっても、旅行ばかりしていたり、お茶ばかり飲んでいる女房とは離婚しなさい」

どれも大きなお世話といえますが、この「慶安の御触書」は1649年、幕府から出されたといわれてきました。ただ、ふつう触書というのは、幕府が代官にあてて出すものなのに、この法令だけは直接農民に向かって、しかも心得を教え聞かすように発布されており、従来のタイプとは全く異なっています。

さらには、1649年に発布されたといわれながら、その当時の現物（高札や文書）がひとつとして存在しない不思議なシロモノなのです。

そんなことから、早くも明治時代中期より、歴史家の内藤耻叟《ちそう》氏などは、幕府の法令であることを疑問視しています。

また、戦後の1959年には、国立史料館員の榎本宗次氏が、さまざまな論拠をあげて御触書が幕府の法令であることを否定しました。

このように、幕府の法令であることが疑問視されながらも、決定的に否定する論拠に欠け、それがために教科書会社は「幕府の農民統制」の具体例として、記載しつづけてきたのです。

## 「慶安の御触書」は、慶安時代の幕府法令ではなかった

けれども、1990年代に入ると、再び否定説が頭をもたげるようになり、現在では18世紀後半につくられた偽書だという説が有力になってきています。

こうした流れのなかで、信州大学助教授の山本英二氏は、その著書『慶安御触書成立試論』（日本エディタースクール出版部）で、この史料に関する徹底的な調査をおこない、「慶

安の御触書」の正体をかなり明らかにすることに成功しています。

山本氏は、「慶安の御触書は慶安時代の幕府の御触書ではないが、偽書でもない」と主張しています。

さまざまな調査の結果、山本氏は、「『慶安の御触書』はもともと『百姓身持之事』という名称で17世紀後半に成立したもので、甲斐国（山梨県）や信濃国（長野県）の徳川一族の領地が発祥地域である」という結論に達しました。

そんな「百姓身持之事」が、「慶安の御触書」という名で広がるきっかけをつくったのは、美濃国（岐阜県）岩村藩にあるといいます。同藩が1830年にこの文章を「慶安の御触書」と名づけて、木版本で領内に流布させたのです。

同藩出身の林述斎《じゅっさい》は、当時、幕府の行政にもたずさわり、文部科学大臣のような役職にあり、岩村藩主の後見役でもあったことから、彼がこの文書を慶安時代に仮託して流布させたというのです。

天保時代前後は、飢饉《ききん》が起こって一揆が激増したり、賭博や芸事などに熱中する農民が増えて風紀が乱れたりした時代でした。だから、岩村藩では「慶安の御触書」によって、農民を引き締めようとしたのかもしれません。

いずれにしても、これが出版されると、他の大名や旗本たちも続々と「慶安の御触書」

を領内に頒布するようになり、たちまちにして全国へ広がり、やがて幕末に編纂された幕府の正史『徳川実紀』にまで幕府の法令だとして収められるようになったのです。

だから山本氏は、「慶安の御触書は、幕末期から近代にかけて再解釈された支配者の農民観を反映しているにすぎず、決して近世日本における農民像を普遍的に代表しうるような史料ではない」と断言しています。

この説が急速に定説化しつつあり、近年の歴史教科書から「慶安の御触書」の史料は、だんだんと消えていっているのが現状です。

## 石器ねつ造事件から十数年、現在最も古い旧石器遺跡は？

「いったい日本列島には、いつから人類が住んでいたのか？」

これは、この国に住む私たちにとって、たいへん興味ある問題ですね。

この問題について、30年ほど前の歴史教科書には、はっきり何年前からだと明記されていませんでした。

ところが1999年の教科書には、「現在までに知られているもっともさかのぼる時期の旧石器時代の遺跡は、宮城県上高森《かみたかもり》遺跡で、ほぼ60万年前とされ、原人段階のものである」（『詳説日本史B』山川出版社）、「宮城県の上高森遺跡や座散乱木《ざざらぎ》遺跡、馬場壇《ばばだん》A遺跡などから60万年前～15万年前にさかのぼる石器も発掘されている」（『詳解日本史B』三省堂）といったように、はっきりと明記されるようになってきます。

ちょうどこの時期より数年前から、年代を特定できる旧石器遺跡が続々と国内で発見され、なおかつ、そうした遺跡はこれまでの最古の記録を次々塗り替えていったため、旧石器時代ブームが起こっていました。

日本列島の前期旧石器時代（約12万年以前）の起源は、新たな遺跡の発見によってすさまじいスピードでさかのぼっていったのです。

たとえば、１９９３年には50万年前が最古だったのに、55万年前、60万年前、そして１９９９年には70万年前といったようにです。そんなことも、教科書における年代の明記と関係あるのかもしれません。

私なども当時、そうしたブームに乗り、考古学雑誌などを参考に、まだ教科書に載っていない最新の旧石器情報を生徒たちに得意がって授業のなかで披露していました。たとえば「この前、埼玉県秩父市で50万年前の原人の定住跡や墓が見つかったのだよ」などと……。今考えると、まったくお恥ずかしいかぎりです。

なぜなら、それらの旧石器遺跡は、すべて嘘だったからです。

## ゴッド・ハンドと呼ばれた考古学者のウソを、なぜ見抜けなかったのか

20年ほど前に新聞やテレビなどで大々的に報道されましたが、日本列島の前期旧石器時代（約12万年以前）の遺跡は、すべてねつ造だったのです。この、いわゆる「旧石器発見ねつ造事件」が発覚したのは、2000年のことでした。

前代未聞のねつ造事件を起こしたのは、東北旧石器文化研究所副理事長だった民間の考古学者A氏です。

彼は自分が発掘を手がけている宮城県築館町《つきだて》（現・栗原市）の上高森遺跡と北海道新十津川町の総進不動坂《そうしんふどうざか》遺跡に早朝ひとりで密かに訪れ、発掘のヘラで穴を掘り、そこに持参した旧石器を埋め、土で踏み固めたといいます。そしてしばらくして、発掘関係者に「ここを掘ってみなさい」と指摘し、ねつ造した石器を掘り当てさせていました。

そのねつ造現場を毎日新聞にスクープされたことで、このとんでもない大事件が明るみに出たのです。

A氏は次々と旧石器を掘り当てていくので、仲間たちは彼のことを「ゴッド・ハンド（神の手）」と呼び、まさに考古学会の寵児《ちょうじ》としてもてはやされていました。わかっている

かぎりで、A氏が関与した発掘は全国で187カ所におよぶといいます。

当初、A氏自身は「ねつ造した遺跡は上高森と総進不動坂の2つだけだ」と断言していましたが、しだいに証言を変えていき、ついには、「すべては、ねつ造だった」と告白しました。

驚いた文化庁は、2000年11月、A氏が関与した33の遺跡について、各都道府県が実施する再調査の費用を半額補助する方針を決定しました。総額は5千万円にのぼると考えられます。

これをうけて日本考古学協会は、ねつ造疑惑のある遺跡を調査するため2002年5月に「前・中期旧石器問題調査研究特別委員会」を発足させ、検証を開始しました。そして、約1年間かけてA氏のかかわった187カ所の遺跡について検討や検証をおこない、そのすべてが旧石器遺跡ではないことを確認したんです。

この検証結果は、600ページを超える報告書となって頒布されました。いずれにしても、ことごとくデッチあげだったわけで、あきれてものがいえません。

どうしてA氏は、こんな馬鹿なねつ造をおこなったのでしょう。

当人の弁によれば、「周囲の期待がプレッシャーになり、しんどかった」のだといいます。あいた口がふさがりませんね。考古学者としての良識は、いったいどこへいってしまったのでしょうか。

でも、こうしたねつ造は、なんと30年近く前からおこなわれていたのに、毎日新聞社に探知されるまで、どうして周りの研究者たちは気がつかなかったのでしょう。

みなさんも不思議に思いませんか？

実はそれは、A氏が発掘を手がけていた遺跡が、旧石器時代という最も古い遺跡だったことが大きいと思います。つまり、比較できる石器が国内には存在しなかったのです。たとえA氏の掘り出したものが縄文時代の石器に酷似していても、そういうものかと納得せざるをえず、疑うことができなかったのです。

もちろん、有能な学者のなかには、A氏のみが立てつづけに最古の遺跡を見つけることや、発見した石器の形について、これを疑問視する声もありましたが、考古学ブームを巻き起こした寵児の前に、その声は無力でした。

## ねつ造事件がもたらした不幸な事件

いずれにせよ、このねつ造事件は当時、関係各所で大きな波紋を呼びました。

高校の日本史の教科書の旧石器時代の部分は、先に紹介しましたように、A氏の発掘成果をもとに記述されていました。しかも、ねつ造が発覚したときには、すでに次年度の教科書の印刷はすんでしまっていたんです。

そのため、教科書会社は急ぎ文部科学省に訂正を申請し、各学校に訂正の用紙を配布しました。その訂正文は私のところにも回ってきまして、私も生徒たちに「これまでの話は嘘でした」と謝罪するはめになりました。

また、当時、多くの博物館にA氏関与の旧石器遺跡の遺物やパネルなどがありましたが、これらも急いで撤去されました。その数はきっと膨大だったと思います。

また、このねつ造事件については、犠牲者も出てしまいました。「ねつ造事件」発覚後、過熱化したマスコミ報道のなかで、ある週刊誌が「第二の神の手」などと題して聖嶽《ひじりだき》遺跡（大分県本匠村、現・佐伯市）から採取された石器もねつ造であることを臭わせる記事を掲載しました。この記事に抗議して、聖嶽遺跡発掘の中心人物であった大学のある名誉教授が「死をもって抗議する」と自殺したのです。

親族は名誉毀損で週刊誌を訴え、最高裁まで争われましたが、２００４年７月に原告勝訴の判決が出ました。週刊誌側は謝罪広告の掲載と賠償金の支払いを命じられました。いずれにしてもいたましい出来事です。

ところで、旧石器の検証が終わったあとの２００５年６月、「宮城県における土器出現期の現状と課題――旧石器発掘捏造問題後の覚書」と題する論文が『宮城考古学第７号』

（宮城県考古学会編）に発表されました。これを記したのは、佐川正敏東北学院大学教授らです。その内容は驚くべきもので、例のA氏は、旧石器のみならず、縄文土器にも手を加えていたというものです。

佐川教授らが調査したところ、A氏がかかわった縄文草創期の遺跡のうち、あきらかにそれ以降の特徴を持つ土器が多数発見されたというのです。新しい時期の縄文土器を草創期のものに見せかけるため、表面を削って修正した痕跡さえもあったといいます。本当に情けなくなりますが、これについても考古学会でしっかり調べ、二度とこのような卑劣な行為を許さないよう、発掘調査のあり方を考えるべきではないでしょうか。

## ねつ造事件以降、地道な遺跡調査から新たな発見も

ともあれ、わが国の旧石器時代の遺跡は、この前代未聞のねつ造によって、信用できるものとしては3万年前程度のものになってしまいました。

しかし、2003年8月、金取《かねどり》遺跡（岩手県宮守村、現・遠野市）は約8万5千年前の遺跡であることが確認され、さらに同年12月には、長崎県平戸市で約10万年前のものである可能性を持つ石器が山中町入口遺跡から破片などを含めて27点見つかりました。

2005年7月には、中期旧石器時代（約13万年前～3万5千年前）の遺跡と推定される

竹佐中原《たけさなかはら》遺跡（長野県飯田市）から、なんと213点という大量の石器が発見されました。また、2009年に発掘調査された砂原遺跡（島根県出雲市）から旧石器が発見されました。2013年、調査団はこれは約12万年前のもので「日本最古」と発表しました。これは旧石器時代人が長期的に生活をしていた証拠だといえるでしょう。

このように、また我が国の旧石器遺跡の起源は、新たな発見によってさかのぼりつつあるのです。

## 古墳から出土する儀式用「疑似米《ぎじまい》」の驚くべき正体

3世紀の半ば、畿内から瀬戸内海沿岸にかけて古墳というものが出現します。これは、この地域の豪族の首長墓として登場してきたものです。ですがその後、古墳は全国各地へと広がり、6世紀になってくると、有力な農民クラスも、直径10メートルほどの小さな古墳をつくるようになりました。

そんな古墳の石室（遺体を安置する部屋）から、とても不思議な物体が出土することが、およそ30年前から研究者のあいだで注目されるようになりました。

石室の床に数ミリ程度の固い土粒が播《ま》かれているのです。形はお米にそっくりです。数年前に発見された6世紀中頃のカタハラ1号遺跡（奈良県桜井市倉橋）からは、およそ2000粒も発見され、これを調査したところ、その大きさは3〜8ミリの3種類の大きさにきっかり分かれ、たいへん精密につくられたものだと判明しました。

いずれにせよ、明らかに人工的につくりあげたものだと思われ、「おそらく米を模して五穀豊穣や子孫繁栄を願う儀式を石室内で執行するさい、床面に播かれたのだろう」と研究者たちは結論を下しました。そして、この米粒をマネてつくった土の粒を「疑似米」とか「米粒状土製品」と呼ぶようになったのです。

ところが、この土粒が虫のフンによく似ているという指摘があったのです。

そこで桜井市は、カタハラ1号遺跡から出土した「疑似米」の鑑定を奈良県橿原《かしはら》市昆虫館に依頼しました。

するとその結果は、「やはり」というか、「なんと」というか、フンだったのです。間違いなくカブトムシやコガネムシなどの幼虫のフンであることが判明したのです。コガネムシ科の幼虫は2回脱皮し、成長するごとにフンは大きくなるので、「疑似米」が3種類であることもピタリとあてはまります。

おそらく虫の幼虫が石室内に入りこんで、腐葉土などをエサにしてフンを排泄したのでしょう。

いずれにしても、古墳時代の遺物と思われ「疑似米」とか「米粒状土製品」なんて仰々《ぎょうぎょう》しい名前をつけていたものが、単なる虫のフンだったなんて、まるで笑い話ですね。

## 教科書から次々と消えていく旧石器時代人の骨!

明石原人《あかし》（兵庫県）、牛川人《うしかわ》（愛知県）、葛生原人《くずう》（栃木県）、三ヶ日人《みっかび》（静岡県）。

おそらくみなさんは、こうした名称を耳にしてなつかしさを覚えるのではないでしょうか。そう、これらは日本列島から出土した旧石器時代の化石人骨ですよね。きっと学校の歴史の授業で習ったはずです。とくに明石原人などは、どの教科書にも記載されていました。

20年前の歴史教科書にも、

「愛知県牛川、静岡県三ヶ日・浜北、兵庫県明石、大分県聖獄、沖縄県港川などの石灰岩の地層から化石人骨が発見され、約3万年前からすでに人類が生活していたことが判明している」（『詳解日本史B』三省堂　1999年）

と記されています。

ところが約15年前の教科書では、その記述が大きく変化してしまっているのです。

まずは、次の文章を読んでみてください。

「骨がのこりやすい石灰岩の地層から化石人骨がみつかり、静岡県の浜北や沖縄県港川などでは新人段階の人骨が発見されている」(『日本史B』三省堂　2005年)

あれっ？　と思ったのではないでしょうか。

そう、愛知県牛川、静岡県三ヶ日、兵庫県明石、大分県聖獄の旧石器時代人が教科書の記載から消え失せてしまっていますよね。

わずか5年ほどの間に、いったい何があったのでしょうか。

## 牛川人の上腕骨は、なんとナウマン象のすね骨だった

実は、1980年代後半から人骨の科学的な研究が急速に伸展し、それにともなって旧石器人骨の再検討が進められました。その結果、これまで旧石器時代人だとされてきた人骨が否定されたり、疑問符がつくようになったのです。

明石原人は、1931年に直良《なおら》信夫氏が明石の西八木海岸で採集した腰骨で、その形状から原人の骨だと発表されました。ちなみに原人というのは、150万年前から20万年前

までに活躍した人類で、私たち新人とはぜんぜんタイプが違います。

ちなみに明石原人の骨は、東京大空襲で焼失してしまいますが、石膏で型がとってありました。この石膏模型を近年研究し直した結果、どうやら明石原人の骨は原人段階のものではなくて、私たちと同じ新人段階のものであることが有力になったのです。

また、1985年から明石の西八木海岸付近を発掘しましたが、6〜7万年前の旧石器遺跡は出てきたものの、原人段階の遺跡はとうとう出土しませんでした。そんなことから、歴史教科書から消えてしまったのです。

また、これまで旧人（20万〜4万年前の人類）とされてきた牛川人の上腕骨も、なんと、なんと、ナウマン象のすね骨である事実がわかりました。人骨ではなくて、象の骨だったんですよ。なんともガッカリですね。

## 日本列島から旧人と原人の骨は、完全に消え失せてしまった！

さらに、前述したA氏の旧石器遺跡ねつ造事件があってから、旧石器人骨の再検討は一気にスピードアップしていきます。

旧石器人骨（聖嶽人《ひじりだき》）が出土した大分県の聖嶽洞窟遺跡ですが、2001年6月、松浦秀治お茶の水女子大助教授が聖嶽人の骨をフッ素年代測定法によって測定したところ、その人骨は中世（鎌倉時代）以降のものである可能性がきわめて強いという結論に達しました。

フッ素年代測定法という聞き慣れない方法について、少し説明をくわえておきますね。これは、骨や歯などに含まれるフッ素の量を測定する年代の測定方法です。人間の骨や歯には、生きているうちはフッ素はほとんど含まれないそうです。ところが死んで骨になると、土中に含まれるフッ素がだんだんと骨や歯に流入して溜まっていくのだそうです。つまり、古ければ古いほど、骨や歯にはフッ素含有量が多いというワケです。

いずれにしても、これにより聖嶽人の存在は否定されました。

まだ、終わりではありません。

同年7月、先の松浦助教授は、50万年前の原人だとされていた栃木県葛生町出土の人骨を調査、その結果、なんとその骨は、虎などの獣骨に、縄文以降の人骨、室町時代の人骨、さらに江戸時代の人骨が寄せ集まっていた事実がわかったのです。まったくいい加減なものだったんです。

このようにして、次々に旧石器時代人の人骨は否定されていったので、教科書からもその記述が削除されていったというワケです。

その結果、沖縄県の港川人（約1万8千年前）と浜北人（約1万4千年前）だけしか、昔から教科書に出ていた旧石器時代人は掲載されていません。ちなみに、いずれも私たちと同じタイプの新人なんです。

最も古い人骨は、沖縄県那覇市で1968年に発見された山下洞穴人です。これは約3万8千年前のものと推定されていますが、やはり新人段階の骨になります。そんなわけで、日本列島における旧人と原人の骨は、完全に消え失せてしまったのです。

## 間宮海峡を最初に発見したのは、なんと、間宮林蔵《まみやりんぞう》ではなかった！

歴史教科書の『列強の接近』の項目には、江戸時代の蝦夷地（北海道）・樺太周辺の地図がよく掲載されています。

地図には、最上徳内《もがみとくない》や近藤重蔵《じゅうぞう》、間宮林蔵といった探検家たちのたどったルートが記されています。たぶん、受験勉強のときにそのルートを一生懸命に暗記したという方も多いのではないでしょうか。

これら探検家のなかで最も有名なのは、間宮林蔵でしょう。彼は樺太と沿海州のあいだには海峡が横たわっており、樺太が島であることを確認しました。おそらくみなさんも、その業績はご存知だと思います。

中学校の歴史教科書にも、

「幕府は（略）間宮林蔵らに蝦夷地や樺太の探検を命じました。間宮は樺太が島であることを確認しました」（『中学社会　歴史　未来をひらく』教育出版　２０１７年）

また、日本史の教科書にも、

「間宮林蔵は、間宮海峡を発見して樺太が島であることを確認した」（『新選日本史Ｂ』東京書籍　２０１７年）

と明記されています。

ちなみに、この間宮海峡は、伊能忠敬《いのうただたか》の伊能図に初めて記入されました。間宮は伊能忠敬の弟子であり、自分の測量探検の結果を伊能に伝えたため、地図に記されることになったのです。その後、この伊能図を持ち出そうとして国外追放処分となったシーボルトによって、「間宮海峡」はヨーロッパに紹介されたのです。

でも驚くことに、「シーボルトが伊能図を持参していますよ」と幕府に密告したのは、なんと、その間宮林蔵自身だったのです。

いったい、どういうことなんだ？　きっとみなさんも、大いに疑問に思うはずですね。

## 間宮林蔵は実は幕府の密偵だった！

実は、それが間宮林蔵の仕事だったんです。

間宮林蔵は北方探検家であるとともに、幕府の密偵でもあったのです。

じっさい間宮は房総半島や石見国《いわみ》、長崎などの諸藩に潜行し、その地域の内情を探査したり、密貿易を摘発するなどして、幕府から表彰されるほどの有能なスパイだったんです。

1832年には、潜入が不可能といわれた薩摩藩にも3年間にわたり潜りこんで、情報収集に成功しているほどです。

当時、薩摩藩の隠密に対する警戒は厳重で、生きて還ってくる密偵はまずいないといわれていました。しかし間宮は、経師屋《きょうじや》（襖《ふすま》職人）に化けて鹿児島城中へ潜入し、そのようすをくわしく探ったといいます。

たとえば、こんな伝承が残っています。

あるとき薩摩藩主が、幕府の役人たちがあまりに詳しく鹿児島城中のようすを知っていることに不審を持ち、その理由を尋ねたところ、役人は「間宮林蔵が経師屋として城のなかに入ったのです。ウソだと思うなら、城の襖をはがしてみなさい」というではないですか。そこで藩主がそのとおりにしてみたところ、襖の下張りに「間宮林蔵」とサインがしてあったといいます。

ちょっと眉唾な話ですが、いずれにしても、間宮が隠密だったことは間違いありません。それにしても、自分を密訴した男の功績をシーボルトは世界に紹介したわけで、なんとも度量が広い人だったんですね。

意外な話はまだあります。

日本史の教科書が間宮林蔵について書いてあることは、間違いなんです。ちょっといいすぎたかもしれません。厳密にいえば、正確な表現ではないのです。間宮海峡を最初に発見したのは、間宮林蔵ではないのです！ウソのような話ですが、これは事実です。

間宮海峡が発見されたのは1808年のことですが、樺太が島である事実は、すでに同僚の松田伝十郎がほぼ確認しており、それを知った間宮林蔵が、幕府の許可を得て樺太へ単身調査におもむき、離島であることを再確認したというのが史実なのです。

つまり、間宮海峡の第一発見者は松田伝十郎という人物であり、本当は松田海峡と呼ぶべきものなのです。

## 銀座の煉瓦《れんが》街が江戸っ子からブーイングを受けた理由

文明開化の項目のところで、必ずといってよいほど日本史の教科書に掲載されるものに、明治初期の銀座界隈を描いた錦絵《にしきえ》があります。この絵は明治初年における銀座付近の景観を描いたものが有名で、ガス灯や人力車、二階建て煉瓦造りの洋館などが描かれていて、色濃く文明開化の雰囲気がただよっています。だから近代化の象徴なのです。おそらくみなさんも、一度くらいは目にしたことがあるかもしれませんね。

この銀座通りは、物珍しさもあって当時東京の名所になり、全国から多くの観光客が訪れたといいます。

**煉瓦街の建設は外国人に文明国をアピールするためだった**

ところで、どうしてこの銀座界隈だけがいち早く開化したのか、みなさんはご存知でしょうか？

実は1872年、このあたり一帯が大火に見舞われ、焼け野原になってしまったからな

「東京名所之内 銀座通煉瓦造鉄道馬車往復図」(GUS MUSEUMがす資料館)

んです。建物が燃えてしまったのをある意味よい機会だととらえ、明治政府の高官・井上馨《かおる》や渋沢栄一らが、この地区に西洋風の町並みをつくることを決めたのです。

井上馨は、何度かヨーロッパへの留学を経験していて、その近代的で進んだ社会を目にして「日本を東洋のヨーロッパにすることが国家のためなのだ」という信念を持つようになっていました。のちに井上は、羅馬《ローマ》字会なる団体の創設に深く関与し、日本語をローマ字で表記させる運動を展開したり、日本の歌舞伎をヨーロッパのオペラのようにしようと、巨大な歌舞伎座をつくらせたりしています。

外務大臣となったときも、欧化政策をすすめ、日比谷に鹿鳴館《ろくめいかん》と称する壮麗な迎賓館をつくり、政府高官と外国の賓客の舞踏会をたびたび催し、これによって不平等条約の改正を有利にすすめようとしました。つまりは、井上馨という外国かぶれの政府高官による思いつきだったのです。

ただ、銀座という場所を選んだのには、きちんとした理由があります。

それは、この地が外国人の目に触れる機会が多いからです。

1872年、すでに新橋―横浜間に鉄道が開通していました。築地には外国人居留地があり、多くの外国人が住んでいました。そのため開港場である横浜の居留地から新橋を経て築地へ向かう外国人が少なくなかったのです。新橋から築地――当時はちょうどその通り道に銀座は位置していました。だから、銀座に西洋風の煉瓦街をつくれば、どうしても外国人の目に触れざるをえないのです。

「見てください。日本はこのような文明国になったんだよ」

きっと、そうしたことを列強諸国に認識してもらいたいという考えが、井上など明治政府の高官たちにあったのでしょう。

ともあれ、このような事情で、いよいよ銀座の西洋化計画が始まっていきます。計画は、政府のお雇い外国人であるイギリス人のトーマス・ウォートルスという建築家が担当しました。

ウォートルスは、銀座一帯を碁盤目状の直線道路で区画することにし、メインストリートとして25間という広大な道をつくろうとします。結局、実際には15間（約27メートル）に縮小されてしまいましたが、それにしても、当時の我が国にあっては「べらぼうに広大な道路」といってよいでしょう。この巨大街路は、パリのシャンゼリゼ通りを模倣したといいます。ちなみにこの道は、現在の中央通りにあたります。

ただ、銀座の道路がすべてこのように広大であったわけではありません。メインストリートである中央通りから奥へ入るにしたがって、10間、8間、3間とだんだんと狭くなっていきました。ちなみに、あまり知られていないのですが、銀座の中央通りにつくられた歩道は、日本初の洋式舗装道路でした。歩道には、薄青色の煉瓦状の石が敷かれたといわれます。

## 住民の評判が悪い煉瓦街に多くの新聞社が入居した理由は？

さて、家屋です。こちらのほうは、ロンドンの街を手本に、煉瓦で二階建て洋館をつくっていきました。しかし、建築費が膨大にかかり、当初は官費で煉瓦家屋をつくって民間へ払い下げる予定でしたが、途中から希望者に自費による建設を許可してしまいました。

そのため、なかには洋館などはいやだといって、和風家屋を建てる人も出てきたのです。たとえば銀座3丁目の松澤八右衛門の屋敷は、土蔵造りに庇《ひさし》をもうけた純和風の邸宅だったといいます。そんなわけで、本当に壮観な煉瓦街となったのは、中央通り沿いの銀座１～３丁目だけで、一歩裏手に入ると、土蔵造りの家がいくつもあったのです。

このようにしてできあがった洋館ですが、建物には元の住民が優先的に入居できるように配慮されました。

ところが、です。大半の人は煉瓦屋敷に住むと脚気《かっけ》になる、身体が水ぶくれになる、たたりがあるといって入居しなかったのです。結局、旧住民の７割以上が他所へ移ってしまう結果になりました。

じっさい、洋館は建てつけが悪く、屋内の湿気がひどくてカビがはえ、入居した茶商などは、売り物の茶葉がしけって倒産してしまったといいます。また、ドアで仕切られた洋館では、お客も店内に入りづらく、商店の売り上げは激減してしまいました。

このため煉瓦街は空き家が目立つようになり、空き家では熊の相撲や犬の踊りなどの見せ物が興行する事態になりました。そこで東京府は、空き家対策のために地租４カ月分を免除したり、償還期限を延長するなど、さまざまな優遇政策をとりました。

その結果、入居者が増えていったのですが、意外なことに入居したのは、新聞社や雑誌社でした。なぜだかわかりますか？

それは、煉瓦造りの屋敷は木造家屋より頑丈にできているので、印刷機が据えつけやすかったからです。また、鉄道の始発・新橋駅に近いので、すぐに印刷した新聞や雑誌を全国に発送できるという大きなメリットがありました。そんなわけで銀座には、東京日日新聞、東京横浜毎日新聞、時事新報、読売新聞、朝野新聞などが集まってきました。

さて、前述したように、列強諸国にわが国の近代化を誇示するためにつくった煉瓦街でしたが、どうやら外国人の評判はすこぶる悪かったようです。みな口をそろえてアメリカの田舎町のようだと馬鹿にしたと伝えられます。しかし、住人や外国人とは異なり、国民には、物珍しさもあってとても評判がよく、わざわざ泊まりがけで銀座の街を見学にくる人も多く、一躍銀座の煉瓦街は観光スポットに変わりました。

## 錦絵の街路樹は松や桜、それでは「銀座の柳」は?

ちなみに銀座の夜の象徴ともいえるガス灯——この街にそれがともったのは、1873年のことです。フランス人アンリ・プレグランという人が街灯建設を担当し、芝から銀座の京橋まで85柱のガス灯が夜道を照らすことになったのです。

ところで、銀座といえば街路樹は柳——これはもうシンボル化していますが、意外なことに最初の街路樹は松や桜、楓だったのです。

冒頭で紹介した錦絵でも、よく見ると街路に松や桜の樹が描かれていることがわかりますね。

銀座に初めて柳が植えられたのは、明治20年代になってからのことなのです。

街路樹が柳になったのにはワケがあります。銀座の土地には水気が多く、松や桜はみな根腐れしてしまったから、水辺で成育できる柳にしたというわけです。しかし、街路樹はその後、銀杏《いちょう》に変わったり歩道改修で姿を消したりと変遷を繰り返し、現在、中央通りに柳はありません。１９６８年、交通混雑を理由に、すべて引き抜かれてしまいました。

そう聞くと、「えっ」と思うかもしれませんが、その後、低木の常緑針葉樹の「イチイ」が植えられました。２００４年のことです。ところが現在、２０２０年の東京オリンピックにそなえ、円錐形の美しい「カツラ」が植えられつつあるのです。

ちなみに柳の樹ですが、メイン・ストリートの中央通りではなく、横道には柳が風にそよいでいます。これは、銀座に柳の復活を望む声が強かったので、二十数年前に復活したものです。

## 太平洋戦争は「卑怯な奇襲攻撃」ではなかった！

あまり知られていないことですが、アメリカの国民は太平洋戦争の直前まで、それほど日本と積極的に戦おうという気持ちはありませんでした。いまでは世界の警察を自認するアメリカ国民ですが、昔はむしろ、世界の紛争や戦争に対しては不介入を堅持する意識が強かったのです。

そんなわけで、日米衝突が避けられない事態になってからは、アメリカ政府はいかに世論を戦争に賛同させるかにかなり苦慮していたといわれています。

けれども、ある事件をきっかけにして、アメリカ国民は激しく日本人を忌《い》み嫌い、以後は挙国一致して戦争遂行に猛進するようになったのです。

説明するまでもないかもしれませんが、その事件とはもちろん、日本海軍（連合艦隊）のハワイ真珠湾への奇襲攻撃です。

これは、突然日本海軍がハワイのオアフ島にあるアメリカ軍港「真珠湾」に奇襲攻撃をくわえた出来事だといわれています。昔から日本史の教科書にも「奇襲攻撃」と書かれて

黒煙が立ちこめる真珠湾上空（毎日新聞社）

いますので、きっとみなさんは、日本が宣戦布告や最後通牒（平和的交渉の打ち切りと実力行使の自由を相手に通告した文書）もなしに、にわかにハワイへ襲来したと考えていることでしょう。

わが国はこの攻撃によって、アメリカ海軍に大打撃を与えることに成功しました。

しかし、です。この奇襲は、結果的には日本にとって大きなマイナスになりました。アメリカ人はアンフェアー＝「卑怯な行為」を最も嫌います。すなわち、奇襲という卑怯なやり方が、アメリカ人の闘争心に火をつけてしまったのです。それからというもの、「リメンバー・パールハーバー（真珠湾を忘れるな！）」を合い言葉に、アメリカ国民は一致団結してしまいます。

こうして始まった太平洋戦争は、日本の完全なる敗北に終わりました。

戦後日本は、真珠湾を攻撃する前に宣戦布告もせずに戦争を始めたことを世界から非難され、ずっと肩身の狭い思いを味わってきました。日本史の授業でも、みなさんのなかには学校の先生から「日本はずるい奇襲攻撃をしたんだ」と習った人もいるかと思います。

ところが、それは真実ではないのです。

## 送っていた最後通牒が開戦前にアメリカに届かなかったのは、なぜ？

実は日本政府は、真珠湾攻撃の前にちゃんと最後通牒をアメリカ政府に送っていたのです。けれどもどうしたわけか、その通牒は開戦前にアメリカ政府に届くことはありませんでした。そのため、結果的に「卑怯な不意打ち」の汚名をこうむることになったのです。

どうして送ったはずの最後通牒は、真珠湾攻撃の前に届かなかったのでしょうか？

最近の教科書では、そのあたりのところにも少し言及しているので、ちょっと紹介してみましょう。

「アメリカに対する事実上の宣戦布告である交渉打ち切り通告は、先制攻撃の戦果を上げたい軍部の思惑もあり、真珠湾攻撃開始後にずれこんだ」（『詳説日本史B』山川出版社　2018年）

「最後通牒をアメリカに手交したのは真珠湾攻撃のあとだった。通告が遅れた背景には無通告攻撃を重視する軍の意向があった」(『日本史B』実教出版　2018年)

このように、軍部の要請によってわざと攻撃の後にしたとあります。しかし、有力な異説として、ワシントンの日本大使館の不手際とする説があるのです。

では、不手際とは、いったいどのようなものだったのでしょうか。

簡単にいえば、ワシントンに駐在していた日本大使館の大使館員(外交官)たちが、日本政府が指定した時間に、日米交渉の打ち切りを通告する最後通牒(対米覚書)をアメリカ政府に提示できなかったということです。どうやらそれは、大使館員の怠慢らしいのです。

しかし、いったいなぜ、最後通牒を渡せなかったのかという具体的な理由になると、実にさまざまな説があるんです。

いくつか紹介しましょう。

## 宣戦布告の重要文書から最後の2行が削除されていた謎

日本政府がワシントンの日本大使館に暗号で最後通牒を打電したころ、ちょうど大使館員のひとりが転勤することになり、その送別会のために大使館はもぬけの殻で、結局、暗号解読が遅れてしまったとする説。

最後通牒が日本政府から送られてきたのがちょうど日曜日にあたり、当直職員はキリスト教徒であったため、教会のミサに出席してしまっており、大使館には誰もいなくて暗号解読ができなかったとする説。

電信で発信された暗号の文字がかすれて読みにくく、解読が遅れてしまったという説。

最後通牒を受け取った担当者がタイプライターに不慣れで、清書が真珠湾攻撃に間に合わなかったとする説。

などなど、本当にさまざまですね。

そのなかのひとつに、暗号で送られてきたその文書の内容が、まさか最後通牒だとは夢にも思わず、そのまま放っておいたというのがあります。

そんな馬鹿なことがあるものか、とみなさんは思うでしょうが、1999年に発見された外務省の機密文書を読むと、大いにありえた可能性があるのです。

真珠湾攻撃は、日本時間の1941年12月8日未明に開始されました。それより数日前に記された12月3日付と5日付の「帝国政府ノ対米通牒覚書（案）」が、井口武夫東海大学教授によって外務省外交史料館で発見されました。これは、日米交渉の打ち切りを日本がアメリカへ通告した「対米覚書」（最後通牒）の原案とみられています。

ただ、３日付の覚書と5日付の覚書とのあいだには、その内容に大きな違いが見られるのです。

３日案では末尾に「日米交渉が打ち切りになったからには、将来どんな事態が起こっても、それはアメリカ政府の責任である。日本政府はこのことを厳粛に通告する」という文言がはっきり書かれています。ですからこれによって、明らかにこの「対米覚書」が最後通牒であることがわかるんです。ところが5日案になりますと、この末尾の部分の文章２行がきれいに削除されてしまっているのです。つまり、日米交渉の打ち切り通告だけで終わっているのです。

これでは、読む人によって、この文章が最後通牒か否かで見解が分かれても仕方のない面があったのです。だから、在米日本大使館の外交官が、これが最後通牒であると気づかなかったとしても、それを無碍《むげ》に責めることはできないのです。

それにしてもなぜ、日本政府は最後の2行を削り取ってしまったのでしょうか。

その理由は、海軍が真珠湾への奇襲攻撃を成功させるため、軍事行動を明確に臭わすような文言の削除を強く求めた結果、外務省がそれに妥協して、最終的にあいまいなかたちの最後通牒ができあがったのだろうと考えられています。

さて、２０１６年、九州大学の三輪宗弘教授が大使館不手際説に対する反対説を唱えました。三輪氏は米国文書館で発見した電報の発信記録などから、通告が遅れたのは日本の外務省が意図的に電報発信を遅らせたせいであると結論づけたのです。この新説によれば、真珠湾攻撃は日本側の意図的な奇襲となってしまいます。

## 日本政府の暗号を解読しながら、真珠湾の警戒をしなかったアメリカ政府

ともあれ通説では、最後通牒は真珠湾攻撃の30分前にアメリカ政府へ手交されることになっていました。ところが、真珠湾攻撃が開始される1時間以上も前に、日本軍は手違いによってマレー半島への軍事行動を開始してしまったのです。この地域はイギリスが支配しており、イギリス軍と戦闘を始めたわけです。

これより以前、日本はイギリス政府へ最後通牒を発していません。ということですから、完全にこれは不意打ちといえるでしょう。そんなわけで、やっぱり太平洋戦争での宣戦布告なしの戦闘開始という汚名は免れないのです。

ただ、もう少しつっこんでいえば、アメリカ政府は当時、日本政府の暗号を完全に解読しており、日本政府からワシントンの日本大使館へ入った暗号文はすべて筒抜けになっていました。だから当然、最後通牒の件も事前に知っていたはずです。

もし、この事態を事前にハワイの真珠湾基地へ知らせ、警戒をうながしていれば、アメ

リカ海軍はあれほど大きな痛手を受けることがなかったでしょう。しかし、アメリカ政府はそれをしなかったし、日本の最後通牒の暗号については、現在でも見落としたと言い張っています。

邪推かもしれませんが、あえて暗号文を見落としたふりをして、日本の奇襲を成功させることで、アメリカ国民が日本人を憎み、戦争に一致協力するように、アメリカ政府が仕組んだのではないかと思えてしまいます。

# 第2章
# 考古学の新発見が教科書に書き換えを迫る

## 世界でいちばん古い土器は、やっぱり縄文土器だった⁉

近年、1万年以上も戦争のない平和な時代が続いたということで縄文時代がブームになっています。2018年に東京国立博物館で開かれた「縄文――1万年の美の鼓動」には35万人の見学者が訪れたそうです。すごいですね。ちなみに、旧石器時代と縄文時代を分けるもの、それは土をこねて焼いてつくった器――そう、土器の存在なのです。遺跡から土器というモノが出てくれば、たとえ石器が旧石器の特徴を持っていても、考古学の世界では、縄文時代に分類するのが通説になっているんです。

ところでこの土器ですが、三十数年前までは、「いまから5～6000年前に西アジアで出現した」というのが定説になっていて、日本史の教科書にもそう書かれていました。覚えている方も多いのではないかと思います。

ところが数年前の教科書を見ますと、研究の進展によってその起源は倍以上にのび、教科書によって記述は多少異なりますが、「約1万2000年前に土器は日本列島に出現した」と記されるようになっています。

しかもかつては、世界最古の土器は、日本のものだと書かれていたんです！

ちなみに１９９９年までに我が国で発見された最古の縄文土器群は、およそ１万３００0年前のものとされていて、確かにそれは、世界じゅうで発見されたどの土器よりも古いものでした。ところがその後、事態は大きく変わってしまいます。

アムール川流域から沿海州にかけての地域で、縄文土器の古さを上回る１万５０００年ほど前の土器が、相次いで見つかるようになってしまったからです。

この時期に興ったこの一帯の文化を「オシポフカ文化」と呼びますが、この文化をつくったいわゆるオシポフカ人が、世界で最初に土器をつくった人びとになったのです。しかも、縄文時代草創期の土器が、オシポフカ文化のものとかなり類似していることから、考古学者のなかには、「オシポフカ人が沿海州から日本列島に渡来して、縄文人に土器の製法を伝えたのではないか」という学者さえ現われてきました。

ちょっとガッカリですね。

ところが、そうしたなかで１９９９年4月、衝撃的なことが起こりました。

１９９８年に発掘された大平山元《おおだいらやまもと》Ｉ遺跡の土器を放射性炭素年代測定法という方法で測定してみたところ、１万６５００年前という驚くべき数価をはじき出したのです。

もしそれが事実であるなら、やはり、縄文土器が世界最古の土器であり、逆に縄文人が沿海州へ渡り、オシポフカ人に土器づくりを伝授したということもありうるのです。

ただし、この年代測定法は、かなり誤差が大きいという欠点を持っておりまして、素直にそのままはじき出された数値を信じるのは、ちょっと危険だということも、一言つけ加えておきたいと思います。

いずれにしても、この測定結果を信頼するなら、土器の起源は日本列島にあることになるわけです。今後、教科書の記述がどうなっていくか、とても楽しみです。

## 竪穴《たてあな》住居だけが縄文人の家だと考えるのは、もう古い

近年、発掘技術の進歩や歴史研究の進展によって、急速に縄文時代の社会構造が明らかになりつつあります。しかし、なにせ1万年前から数千年前のことですので、いまとなってはいったい何のためにそれがつくられたのか、皆目見当がつかないような遺跡というものも、ときとしては出土してくるわけです。

## 縄文人はなぜ、おなじ場所に住居をつくりつづけたのか?

環状盛り土遺構《かんじょうもりどいこう》も、そのひとつだといってよいでしょう。

ずいぶん妙な呼び名ですが、簡単に説明すると、平坦な中央部の周りに円を描いたように盛り土をしてある遺跡、それが、環状盛り土遺構です。ちょうど、野球のスタジアムのような形状をしていると考えてください。

考古学者たちは、おそらく中央の平坦な部分で、いろいろな儀式や祭祀がおこなわれたのだろうと推定しています。というのは、中央部分から土偶や石棒など、祭祀具らしき縄文の道具が出土するからです。

環状盛り土遺構としては、関東地方以北で十数例発掘されており、寺野東《てらのひがし》遺跡（栃木県小山市）や石倉貝塚（北海道函館市）、崎山貝塚（岩手県宮古市）などが有名で、これまでは直径165メートルの寺野東遺跡が最も大きいものでした。

ところが2000年3月、それに匹敵する大きさの環状盛り土遺構が発掘されました。それが、三直《みのう》貝塚（千葉県君津市）です。調査の結果、つくられた時期は縄文後期から晩期にかけてと判明しました。ただ、三直貝塚の盛り土遺構は、これまでのタイプとは大きく異なっているのが特徴です。盛り土の部分――つまりスタジアムの客席部分から40棟もの竪穴住居が出土したのです。

縄文時代の集落というのは、住居、墓地、祭祀などの場がはっきりと区切られているのが一般的だとされています。それにもかかわらず今回は、盛り土の上に住居がつくられており、祭祀と生活が一体化しているという、前例にない遺構なのです。

また、中央部分のくぼ地からは、大型の中空土偶や異形台つき土器、石棒など祭祀具が多数出てきています。

こうした珍しい盛り土遺構について学者たちの意見は一定しておらず、各自マスコミにさまざまな見解を述べています。

千葉大学の麻生優名誉教授は、土を盛ることで展望をよくした城塞ではないかと考えています。

都立大学の山田昌久助教授は、土を盛るのは、獣骨などが自然に回帰する「もの送り」の儀式ではないかと推論します。

いっぽう、元明治大学教授の大塚初重氏は、盛り土の高い部分と低い部分の住居での階層差の違いの可能性を指摘しています。

また、加曽利《かそり》貝塚博物館の村田六郎学芸係長は、「これまで環状盛り土遺構は、貝が存在しないので、土を盛り上げていたという説があったが、今回は貝塚があるのに盛り土をつくっており、たいへん珍しい。周囲の村々の精神的な結集を示したものではないか」という見解を述べています。

学者によって、本当に意見がバラバラですね。

さて、同年12月、千葉県文化財センターが三直貝塚の発掘進展状況をプレス発表しました。それによれば、盛り土はその後の調査で、住居を壊してその上に再び住居をつくるといったことを繰り返した結果、自然に形成されていったことがわかったのです。

環状盛り土遺構から縄文住居の再造成が発見されたのはこの三直貝塚だけですが、この時代、住居をつくる場所などいくらでもあるはずなのに、なぜわざわざ同じ場所に盛り土をしてつくる必要があったのか、私としてはとても不思議です。いずれにせよ、縄文時代人の精神構造を考えるうえでは、とても重要な遺跡のような気がします。

## 縄文時代に巨大神殿が存在した可能性が強くなった

ところでみなさん、縄文人はどのような住居に住んでいたかご存知ですよね。

そうです。竪穴住居です。

きっと教科書では、そう習ったと思います。

竪穴住居は、地面を30～40センチ掘りくぼめ、周囲に柱を何本か立て、上から屋根をかけただけの簡素な家です。真ん中には炉があり、4～5人が生活できる25～30平方メートルの広さを持っています。

しかし最近の教科書では、竪穴住居にくわえて平地住居や巨大住居の存在を記すようになってきているのです。縄文人の住居イコール竪穴住居と考えるのは、もう時代遅れなのです。

地面を掘りくぼめないで、地表を床にして掘っ立て柱で囲んだ住居――これを平地住居といいますが、そうしたものが多く見つかるようになりました。

また、炉を10個持つような巨大な竪穴住居も続々発掘されるようになっています。こうした巨大住居は、共同作業所や集会場の役割を果たしていたといわれていましたが、最近の日本史教科書には「集合住宅と考えられる」（『詳説日本史B』山川出版社　２０１８年）と明記されているのです。つまり、アパートに住んでいた縄文人がいたわけです。

さらに、これまで竪穴住居には壁が存在しないといわれてきましたが、壁を持つ住居模型が出土したことから、壁つき住居があった可能性も高まっています。

さらに縄文遺跡から出土した木材によって、高床式住居が存在したこともほぼ確実になりました。

このように縄文人の住居は、けっこうバラエティーに富んでいたのです。

でも、こんなことで驚いてはいけません。

いまから20年前、約1500年間という長きにわたり縄文人が定住した生活跡がわかる三内《さんない》丸山遺跡（青森市）が発掘されました。当時、大きくマスコミに採り上げられたので、覚えている方もいると思います。

そんな三内丸山遺跡から見つかったのが、直径約2メートルもある6つの柱穴です。柱穴は3つずつ2列になっていて、4・2メートルの等間隔で並んでいました。穴のなかには1メートルを超えるクリ材が入っており、この部材が柱の役目を果たしていたと思われます。

この柱の太さと穴にかかった加重から推測すると、およそ20メートルの大きな建物がそびえ立っていたと考えられ、なんと縄文時代に巨大神殿が存在した可能性が強くなったのです。

「縄文人は竪穴住居に住んでいた」そんな認識はもう時代遅れなのです。

## 縄文人は、縄文時代前期から稲作をおこなっていた！

日本列島に稲作技術が入ってきたのは弥生時代になってからだと信じている人は、いまではもう、そう多くはないでしょう。かなり以前より、日本史の教科書には「日本で稲作が開始されたのは、縄文時代晩期のことである」と記述されているからです。

ただ、稲作といっても、それはあくまで水稲耕作（水田稲作農耕）に限定してのことです。単に稲を栽培していたというだけなら、すでに縄文時代の中期から始まっていた可能性が指摘されるようになっているのです。

縄文時代に稲作がおこなわれていたという事実は、これまで縄文土器から炭化米が出てくることで証明されてきましたが、近年の化学分析技術の進歩で、容易に稲作の跡がわかるようになってきました。もう少し詳しくお話ししますと、稲作がおこなわれていたかどうかは、プラント・オパールの有無で判明するようになったのです。

プラント・オパールなんて言葉は、おそらく初めて聞く方も多いかと思います。簡単にいえば、珪酸《けいさん》のかたまりのことです。イネの葉の機動細胞には、珪酸体が多くたまる性質があるそうで、その細胞がそのまま化石化したものがプラント・オパールなんです。稲のプラント・オパールは、ちょうど銀杏のような形をしています。

ですから、それがあればそのままイネの存在を示し、もし大量に見つかれば、稲作の可能性へとつながっていくのです。ちなみにプラント・オパールは、あの宝石のオパールと化学組織がほとんど同じだというから面白いですね。

このプラント・オパール分析の第一人者は、総合地球環境学研究所教授の佐藤洋一郎氏です。

## イネは6000年も前から日本列島でつくられていた！

佐藤氏は、数多くの縄文遺跡や遺物からプラント・オパールを検出しており、縄文時代中期に稲作がおこなわれていたことは、ほぼ確実だと主張しています。

佐藤氏はまた、イネの遺伝子を解析することによって、これまでの定説をくつがえす新説もいくつも発表しています。

そのひとつが、日本のイネの品種についてです。これまで日本のイネは温帯ジャポニカ種だと考えられてきましたが、日本の在来種のなかには、少なからず熱帯ジャポニカ種の形質を一部有するものがあることがわかってきたのです。

温帯ジャポニカ種は、水が豊富で肥沃な場所に生育し、収穫量はきわめて多いのが特徴なんだそうです。それに対して熱帯ジャポニカ種は、環境がよくない畑地でも十分生育するものの、収穫量は少ないというマイナスの特徴があるそうです。

中国大陸の在来種は、すべて温帯ジャポニカですから、おそらく日本にある熱帯ジャポニカは、東南アジアや台湾のほうから伝わったと思われます。

ちなみに、佐藤氏が弥生時代の遺跡から出土した多くの炭化米を調査したところ、その40%近くが熱帯ジャポニカに相当する種であることが判明したんです。

水田稲作農耕は、「縄文晩期に中国大陸から朝鮮半島を経て、渡来人によって日本へ伝えられた」というのが、これまでは主要なルートとされてきました。ところが、水田で栽培されたのは大陸から伝わった温帯ジャポニカ種だけでなく、大陸には存在しない熱帯ジャポニカ種も含まれていたワケです。

そんなことから佐藤氏は、「縄文時代すでに熱帯ジャポニカ種は焼畑で栽培されており、それが縄文晩期に水田稲作へと移行したのである」と、縄文稲作との連続性を主張しています。

ところで、いったいイネはいつから日本列島に存在したのでしょうか？

現在見つかっている最も古いプラント・オパールは、1999年の朝寝鼻《あさねばな》貝塚（岡山市）で見つかった縄文前期のもの――すなわち6000年前のプラント・オパールです。

これを発見したのは、岡山理科大学とノートルダム清心女子大の研究グループで、発見された40～50個のプラント・オパールの形状がたいへん似通っていることから、同地ではイネが栽培されていたと考えられているんです。おそらく、焼畑農耕による稲作ではなかったかと思われます。

稲作については疑問視する学者もいますが、稲作が6000年前までさかのぼるなんて、もし事実だったらちょっとビックリですよね。

## やっぱり漆《うるし》製品の元祖は、我が日本だった!

縄文時代の遺跡からは、石器や土器ばかりが出土するわけではありません。植物の種や食べ物、木製品、骨角器、木器、繊維品など、さまざまなものが出てきます。とくに湿地や泥炭層に埋もれていた遺跡からは、ときおり鮮やかな朱が塗られた漆器が顔を出すことがあります。ただ、残念ながらまだ歴史教科書には、縄文時代にそうした美しい漆器がつくられていたという事実は、ほとんど登場してきません。

ところで、最古の漆器とは、いったい何年前につくられたものなのでしょうか。

正解は、7000年前です。

けれども残念ながら、我が国から発見されたものではありません。中国の河姆渡《かぼと》遺跡(浙江省)から出土した漆器が最も古いものだそうです。

これに対して日本では、6000年前の鳥浜《とりはま》遺跡(福井県若狭町)の漆器が最古でした。

その差はおよそ1000年。だから漆芸は、中国から我が国へと伝来したのだろうという考え方が、これまでは一般的でした。

ところが近年、我が国こそが漆器発祥の地ではないだろうかと思われる痕跡が、いくつか出てきているんです！

ひとつは、三内丸山遺跡（青森市）から出土した5500年前の漆の種が、現存する中国産の漆種のDNAと一致せず、むしろ岩手県浄法寺町の種と一致したのです。つまり、三内丸山の漆器には、純国産の漆が使われていたことが判明したんです。

また、居徳《いとく》遺跡（高知県土佐市）から出土した縄文晩期の漆器に、中国では例のない華麗な花びら模様が描かれていたこと。すなわち、この紋様は日本の独創らしいのです。

さらにつけ加えると、縄文時代の遺跡から出てくる漆器は、正直、中国から出土するそれと比較すると、より高い技術でつくられているのです。

もちろん、中国から我が国に伝来して、いっそう高度に発展したという考え方もできますが、本家本元だからこそ、日本のほうがより高い技術力を有しているのだとも考えられますね。

たとえば2002年には、向田《むかいだ》(18)遺跡（青森県野辺地《のへじ》町）から出土した漆器には、朱色の器に白く輝く巻き貝を並べて貼りつけた装飾痕が出てきています。こうした貝殻装飾の漆器は、いまだ中国では発見されていません。

ただ、我が国が漆芸の元祖だという説は、これまで推測の域を出ませんでした。漆製品のルーツが日本にあり、それがやがて大陸へと伝わったのだという事実を確定するには、河姆渡遺跡より古い我が国の遺跡から、漆製品が発掘されるのが必須条件だったからです。

## ９０００年前の漆製品の発見で、我が国が漆芸の元祖に！

ところが、２００１年６月、待望のそれが出てきたんです。

２０００年８月、垣ノ島《かきのしま》B遺跡（北海道南茅部《みなみかやべ》町、現・函館市）の土壙墓《どこうぼ》から６点の漆製品が発見されました。腕輪や足飾り、肩当てや漆を塗った糸で編んだヘアバンドなどです。

当初それらの製品は、６５００年前のものと推定されていました。しかしながら、炭素14法によって年代を測定したところ、驚くべきことに９０００年前のものだと判明したんです！

つまり、河姆渡遺跡より２０００年も古かったのです！

そんなわけで垣ノ島B遺跡の漆器は、世界最古の漆製品となり、現時点で日本が世界最古の漆芸の国となったのです。

ただ、非常に残念なことに、２００２年12月、日本最古の漆器を保管していた南茅部町の町埋蔵文化財調査団事務所から火が出て、その大部分が焼けてしまいました。どうにか一部は焼失を免れましたが、なんとも惜しいことです。

いずれにしても、日宋貿易、日明貿易、長崎貿易など、平安時代から江戸時代にかけて日本の漆器は諸外国にたいへんな人気があり、膨大な量が海外に輸出されたといいます。あのフランスのマリー・アントワネット（ルイ16世の王妃）も日本製の漆器の机を愛用していて、いまもルーブル美術館に展示されています。輪島塗、会津塗、津軽塗など、日本の漆芸技術はまことに見事で、来日した外国人がわが国の漆器に魅了され、お土産として買って帰っていく人が多いのも事実です。

このように高い評価がなされてきたのは、やはり我が国が漆芸の元祖だったからなのです。

## 米国人のモースが発見した「大森貝塚」は大森になかった！

みなさんは「貝塚」という遺跡をご存知ですよね。

「貝塚は、人びとが食べた貝などを捨てたものがたい積して層をなしている遺跡である。

土器・石器・骨角器などの人工遺物のほか、貝殻にふくまれるカルシウム分によって保護された人骨や獣・魚などの骨が出土し、その時代の人びとの生活や自然環境を知るうえで重要な資料となっている」（『詳説日本史B』山川出版社　2018年）

そんなふうに歴史教科書には記されています。

縄文人の生活を知るうえではとっても大切な遺跡なんです。

ところでみなさん、この貝塚という遺跡が日本に存在することを最初に指摘した人は誰だか知っていますか？

たぶん、教科書で習ったと思います。

そうです。アメリカ人のモースです。

彼は東京大学で教鞭《きょうべん》をとるために日本にやってきましたが、横浜から東京へ向かう列車の車窓をぼんやりながめていると、ちょうど大森駅を過ぎるころ、崖になっている地層に貝がたくさん露出しているのを発見しました。そこで仲間や生徒を連れて後日その場所を調査し、貝塚であることを確認したのです。1877年のことでした。

ちなみにみなさんは、モースを考古学者だと思っていませんか。

それは、誤りです。彼は動物学者なのです。腕足類を専門に研究していた人で、考古学の専門家ではなかったのです。そんな人が貝塚という存在を我が国に紹介したのですから、面白いものですね。

ふたつめの質問です。

モースが発見した貝塚を何と呼びますか？

はい、正解です。大森貝塚。

それでは、大森貝塚はどこにありますか？

そう質問され、「大森だろ」と思ったら、残念、それは間違いです。

どうやらビックリされたようですね。しかし、本当に大森貝塚は、大森（現・大田区山王1丁目）には存在しないのです。

はい、あなたの気持ちはよくわかります。いったいどういうことなのか、これから詳しくご説明したいと思います。

## 大森貝塚は、実は品川区大井町にあった

簡単にいいますと、年数がたつにつれ、モースがどの場所を発掘調査したのかが、よくわからなくなってしまったのです。

大森貝塚の発見から50年たって、記念碑を建てようということになりました。

ただ、その時点ですでに発掘をおこなったところが不明確になっていたため、大森駅の近く

「大森貝塚」の碑――品川区の碑(左)と大田区の碑(右)

で貝塚が存在する場所、すなわち大井町鹿島谷（現・品川区大井6丁目）に『大森貝塚』の碑を建てたのです。1929年のことです。

ところが、モースの大森貝塚発掘に参加していた佐々木忠次郎氏は、そこから300メートル離れた場所こそが本当の発掘現場だったと主張しました。その言葉に従って1930年、大森町入新井新井宿山王下（現・大田区山王1丁目）に『大森貝墟』の碑が完成したのです。

このように、品川区と大田区の両方に、大森貝塚の碑がつくられてしまい、以後、どちらが本当の大森貝塚であるかをめぐって論争が続いてきたのでした。

それにようやく決着がついたのは、1977年のことです。

モースが発掘した場所の地主に、東京府が賠償金50円を支払ったという古記録が発見されたのです。その場所というのは、大井村鹿島谷――つまり品川区の『大森貝塚』碑付近だったのです。

ちなみに、品川区のほうは貝塚や縄文遺跡が出土しますが、大田区の『大森貝墟』碑付近からは、まったく土器や貝は出てきませんでした。そんなことからも、1980年代には、品川区大井こそが、かつての大森貝塚跡だということが定説となりました。

つまり、大森貝塚は大森にはなかったのです。ですから本来ならば『大森貝塚』ではなく、『大井貝塚』と呼ぶべき遺跡だったのです。

そうはいっても、いまさら『大井貝塚』の名前はなじまないため、これからも教科書には『大森貝塚』として登場してくることでしょう。

いずれにしても、『大森貝塚』が大森になかったというのは、非常に驚きですね。

## DNA分析で縄文時代人の豊かな食生活が判明

みなさんのなかには、歴史は絶対に変わらないと思っている人が少なくないと思います。

しかし、簡単に変わってしまう場合もあるのです。

説得力のある新説が出たり、新しい史料の発見があるたび、少しずつですが、歴史教科書の内容も変わってきています。たとえば最新の教科書と30年前の教科書の同じ項目を比較しながら読んでみてください。ずいぶんとその記述が変化していることがわかるでしょう。

ですから、お子さんに歴史を教えてあげるとき、古い知識のままで伝えてしまうと、けっこう正しくないことが多いのです。

ちなみに、歴史教科書の記述が最も大きく変化しているのは、原始・古代です。DNA分析やイネのプラント・オパール調査のように、近年、遺跡から出土する遺物調査に最新の遺伝子工学や生物工学の技術が導入されたことで、これまでわからなかった新事実が続々と発見され、そのたびに教科書の記述を書き換えねばならない状態になっているんです。

少しその例を紹介いたしましょう。

## アズキが大好きという日本人の好みは、縄文時代から変わっていない

２００１年２月、縄文中期の桜町《さくらまち》遺跡（富山県小矢部市）から出土した炭化物数点のD

NA分析がおこなわれ、その正体が見事に判明しました。

その炭化物は、形状から見ておそらく豆類であろうということはわかっていたのですが、表面が変色したり変形してしまったりしていたため、その正確な種類については判然としていませんでした。

これらを、国際日本文化研究センターや静岡大学農学部などが中心になってDNA分析しました。その方法は、炭化物の葉緑体からDNA断片を取り出して、現存するインゲンやリョクトウ、アズキなどの豆類とDNAの配列を比較するというもの。

その結果、出土した豆類がほぼアズキであることが判明しました。当時、日本列島にはアズキがあったことがわかり、なおかつ、それらを縄文人たちが食べていたことが、ほぼ確実になったのです。

今後は、これらのアズキが野生種か栽培種かを分析して特定していくといいます。

日本人は、お汁粉に赤飯、あんこと、昔からいまに至るまでアズキが大好きな民族ですね。そんな日本人の好みが、縄文時代までさかのぼることがはっきりしたのです。それにしても、当時の縄文人は、アズキをどうやって料理して食べていたのでしょうか。たいへん気になるところです。

## 縄文人は「クッキー」などの高カロリーの保存食もつくっていた

ところで近年、こうした発掘調査への工学の利用によって、縄文人の食生活がだんだんと明らかになってきました。

とくに縄文人の骨のコラーゲンを抽出し、これを分析して彼らの食生活を復元しようという試みがおこなわれています。また化石化した人の排泄物、これを糞石《ふんせき》といいますが、薬品で処理することで、縄文人の食生活、さらに健康状態もわかります。面白いですね。

近年、縄文人の主食（メジャーフード）はドングリやクルミ、クリやヤマイモであったことがわかってきています。ドングリについてはそのままでは食べられませんが、水にさらしてアクを抜くと食べられます。近年は、巨大なドングリのアク抜き施設が、各地の縄文遺跡から発見されるようになってきています。

そんなわけで教科書にも、

「クルミ・クリ・トチ・ドングリなどの堅果類や、ヤマイモなどの根茎類をはじめ植物資源も豊富になった」（『日本史B』実教出版　2018年）

と、具体的に植物性の食べ物の種類が記されるようになってきています。

もちろん、動物も食べました。シカとイノシシがいちばん多かったようですが、カモシカやクマ、珍しいところでは、サルやテンなどを食べた形跡も見つかっています。

漁労も盛んでして、魚の骨ばかりでなく、トドやクジラ、アザラシやオットセイなどの海獣の骨もよく出てきます。

ちなみに沖ノ島遺跡（千葉県館山市）からは、縄文時代早期からイルカ漁が100年以上にわたって続いていたことを示す証拠が見つかっていますし、縄文中期の石狩紅葉山《いしかりもみじやま》49遺跡（北海道石狩市）では、河川跡にサケを捕るために仕掛けられた、「エリ」や「すだて」と称する杭列などがたくさん出土しています。

興味深いのは、縄文遺跡からよく加工された保存食が出てくることです。

ドングリやクリを粉にして、ハチミツやヤマイモなどをつなぎにして平らにしたものを焼き上げてつくります。押出《おんだし》遺跡（山形県高畠町）などのように、うずまき状の文様があることも多く、これを俗に縄文クッキーと呼んでいます。縄文人にこのような加工食品をつくる智恵があったなんて、ビックリですね。

## 奇跡！　弥生人のナマ脳が完全な状態で3体も発見される！

2001年4月、ちょっと信じられないようなものが弥生時代後期の遺跡から発見されました。青谷上寺地《あおやかみじち》遺跡（鳥取市）で出土した弥生人の頭蓋骨のなかに、なんと脳ミソが残っていることが判明したんです！

しかも、ミイラ化した脳ではなくて、きわめて保存状態のよいナマの脳だというのです。

さらに驚くことに、残存していたのは1体ではなく、3体だったのです。

この弥生人たちは、いまからおよそ１８００年前に生存していたと推定されています。

それにしても、どうして１８００年間も脳みそがナマの状態で保存されつづけたのでしょうか？

それは、発見された場所が最高の条件を満たしていたからです。

この3体は幅8メートル、長さ15メートルの溝跡から出てきたのですが、その場所はかなり水分を含む粘土質の土壌になっていて、そのために空気中の酸素が完全に遮断され、有機物を分解するバクテリアが活動できなかったのです。つまり、真空パックされた状態だったというワケですね。

ちなみに、我が国で弥生人のような古い人間の脳がそのまま見つかったのは、もちろん初めてのことですし、これは世界的にもたいへん稀《まれ》なことだといいます。

この3体の弥生人のうち、最も脳がよく残存していたのは、30歳前後で死亡したと推定される女性で、３００グラムの脳が残存していました。次に多かったのが熟年男性の２３

0グラムで、この男性の頭蓋骨には、致命傷になったと特定できる傷跡がくっきりついていました。きっと戦死したのでしょう。

今回発見された脳には、神経繊維などの脳組織がきちんと残っており、腐敗も乾燥もない、きわめて良好な状態に保たれていました。

このすごい発見があったとき、鳥取県教育文化財団は「今後この脳から細胞核のDNAを採取することができれば、通常の弥生人骨から判明する以上の遺伝子情報を得ることができる」と発表しました。

この脳を鑑定した井上貴央鳥取大学医学部教授なども、弥生人のルーツやその形質、病気などの解明につながる可能性があると語りました。

しかし残念なことに、結局この脳からDNAを取り出すことはできませんでした。現在、脳はそのまま冷蔵保存されています。今後さらに科学が進めば、新しい情報を得ることができるかもしれません。

それにしても、弥生人のナマ脳とは、すごい発見だといえますね。

## 大笑いしている不思議な巨大埴輪《はにわ》が発掘された

古墳を発掘すると、必ずといってよいほど出土するのが、埴輪という「土を焼いた焼き物」です。

埴輪は、筒状の円筒埴輪と、人や動物などさまざまなものをかたどった形象埴輪に大別されます。このうち、やはり興味深いのは、なんといっても形象埴輪でしょう。

これを見れば、古墳時代の人びとがどのような服装や容姿をしていたのか、どんな屋敷に住んでいたのかなど、当時の人たちの生活がしのばれるからです。きっとみなさんも、博物館などで何度か形象埴輪を目にしたことがあると思います。

ところで埴輪の人物像というのは、粘土を輪積みで巻き上げながら製作していく、世界じゅうに例のない方法でつくられるのだそうです。

そんなことから大胆に単純化されてしまう傾向が強く、これまでは表情がないのが特徴だといわれてきたんです。

ところが、大笑いをした人物埴輪が、１９９９年6月に発見されたのです。

本庄市教育委員会により、旭・小島古墳群（埼玉県本庄市）のなかの1基（前の山古墳）の横穴式石室の入口付近から、盾を持った埴輪が発掘されました。

盾持人物埴輪というのは、よく古墳から発掘されるものなのですが、この埴輪は通常のそれより倍の大きさ（顔面部の縦38センチ、横30センチ）を持ち、なおかつ、巨大な耳がついていたんです。

大耳を持つ盾持人物埴輪の出土は、全国で初めてのことだといいます。しかも、鼻も異様に大きく、あごがしゃくれた異相をしており、そのうえ眼を三日月にして、大きな口を広げて満面に笑みをたたえているのです。

ちょっと見るとほほえましいのですが、よくよく眺めていると、だんだんと不気味な感じがしてくるのは私だけでしょうか。

それにしても、いったい何の目的で、このような表情を持つ埴輪がつくられたのでしょうか？　なんとも不思議なことです。

ちなみに笑う埴輪はこれだけではなく、１９９８年にも下毛《しも》田《だ》遺跡（群馬県藤岡市）からも見つかっています。農民をかたどったようです。群馬県は多くの埴輪が出土していることでも有名です。このため県が主催して、「群馬ＨＡＮＩ１（ハニワン）グランプリ」と題し、埴輪の人気投票がおこなわれました。このとき、下毛田遺跡の笑う埴輪がトップに

旭・小島古墳群から発掘された笑う埴輪（本庄市教育委員会）

輝きました。

ところで、埴輪というのは、土を焼いた焼き物ですとお話ししましたが、なかには例外もあるのをご存知でしょうか。

素焼きが圧倒的に多いのですが、陶質性――すなわち陶器のような埴輪もあるのです。

それから、どういう理由かはよくわからないのですが、九州の阿蘇山周辺の古墳からは、普通の形象埴輪よりずっと大きく、土ではなく石でつくられた埴輪が出土するんです。普通これらを石人《せきじん》・石馬《せきば》と呼んでいますが、彩色がほどこされていた形跡もうかがえる埴輪もあるそうです。この石人・石馬としては、筑紫国造《つくしのくにのみやつこ》磐井《いわい》の墓だとされる岩戸山古墳（福岡県八女《やめ》市）のものがとても有名です。

埴輪の材質についてもう少しお話しすれば、

土や石のほか、木でつくられた埴輪もまれに見つかることがあります。

2000年7月には、5世紀後半の小立《こだち》古墳（奈良県桜井市）の後円部から、規則的に並べられた木製埴輪がたくさん出土しました。このように、配列情況がしっかりわかるような木製埴輪が見つかったのは、全国で初めてのことだといいます。

## 日本最大の船形埴輪の発見で埴輪への見方が大きく変わる

2000年4月、埴輪としてはかなり珍しい「船形埴輪」が、宝塚1号古墳（三重県松阪市）で出土しました。船形埴輪のこれまでの発見例は、全国で29例のみだそうです。

ところでこの船形埴輪、これまでのものとは異なり、全長140センチ、高さ90センチ、幅最大25センチに達する日本最大の大きさを誇るものだそうです。しかも船は、太刀や蓋《きぬがさ》、威杖《いじょう》といった王権を象徴するもので装飾されていました。これってスゴイことなんです。

これまで見つかった船型埴輪には、ほとんど装飾がありませんでした。それでも重要文化財に指定されていることから、当時の関係者は今回の船型埴輪は国宝級の発見であると話していました。この埴輪はその後、重要文化財に指定されましたが、2019年現在、残念ながら国宝になっていません。ぜひ指定してほしいですね。

ちなみに、この船型埴輪が発見されたことで、これまでの埴輪の概念が大きく崩れたのです。

「埴輪はいったい何の目的で製作されたのか」ということについて、いまの日本史の教科書には、

「葬送儀礼ないし生前の首長が儀礼をとりおこなうさまを後世に残そうとしたもの」（『詳説日本史B』山川出版社　2018年）

と記されています。

もう少し簡単にいいますと、「古墳に葬られた人のお葬式の行列を表現したものか、あるいは、埋葬された人が生前にいろいろな儀式をしたときの様子を描いたものだ」というのです。

ただしこれは、まだ完全な定説となっていません。

首長交代のさいの継承儀式を表現したものだとか、埋葬者の生前の一場面を描いたという説、死者の蘇生を祈る儀式をあらわしたものだといった説もあるのです。

つまり、まだはっきり埴輪の意味するところが判明していないわけです。しかしながら、いずれの説にしても、現世の光景を表現したものであるということについては、意見の一致を見ていました。その前提が崩れたのです。

わかりやすく説明しますね。

まず、古墳時代の船についての観念です。この時代には、死者の霊魂は船に乗ってあの世に運ばれるという考え方があったことがわかっており、この船形埴輪に王権の象徴物が装飾されていることから、この船が埋葬者である首長の葬送船であることは間違いないと思われます。とすれば、船形埴輪を含む形象埴輪たちは、この世ではなくあの世の世界を描いているということになるわけです。これまで現世の光景だと考えられてきたものが、根本的に崩れてしまうのです。

もちろん、学会ではこの考え方に疑問を呈する声も強く、今後どういう結論が出されるのかを注目したいと思います。

## 日本最古の文字の歴史が書き換えられる

日本人は、中国の漢字を借りて日本語を表記するようになり、やがて漢字を崩して独自の仮名文字を創造し、やがて漢字仮名交じり文を記すようになっていきました。

では、いったいいつから我が国に漢字が導入されるようになったのでしょうか？

日本史の教科書には、

「5世紀ごろには、漢字がわが国でも使用されたことが、鉄剣銘などから確認されているが、漢字を用いてヤマト政権の記録・出納・外交文書の作成にあたったのも、史部（文筆関係）という渡来人であった」（『新日本史B』桐原書店　2007年）

と記されています。

実際、漢字を記された国内産の遺物で最古のものは、稲荷台1号古墳出土鉄剣（千葉県市原市）や稲荷山古墳出土鉄剣（埼玉県行田市）ですが、これらは年代的には5世紀中頃から後半に比定されています。

ところが、です。1996年、国内最古の文字が書かれている土器が発見されたのです。マスコミでもかなり大きく報道されたので、みなさんのなかにも覚えている方もいるかもしれません。

## 嬉野町《うれしの》を発端に次々と発見される土器が文字の歴史を塗り替える

このフィーバーの発端をつくったのは、三重県嬉野町です。

嬉野町教育委員会は、片部貝蔵遺跡《かたべかいぞう》（嬉野町）から出土した土師器《はじき》の口元に、『田』と墨で書かれた文字があると発表したのです。土師器は4世紀前半のものだと推定され、こ

「田」の文字にも見える片部貝蔵遺跡の土師器(松阪市教育委員会)

れによって最古文字の起源が、100年以上さかのぼることになったわけです。

しかしながら、この『田』とされるものが、本当に墨で書いた文字なのかということに関しては、いまだに判然としておりません。なぜなら、土師器の口という不自然な場所にその文字が位置するからです。学者のなかには、これは単なる汚れやシミではないかという疑問の声も強いようです。

けれども嬉野町では、この発見を町おこしのきっかけにしようと、町ぐるみで動きだしました。

がしかし、その後、嬉野町より古いとされる文字が、次々に発見されていったのです。

主なものを列挙してみますね。

1997年、柳町遺跡（熊本県玉名市）の木製鎧《よろい》の留め具に『田』の文字。4世紀初頭。
1998年、大城《だいしろ》遺跡（三重県安濃町、現・津市）の弥生土器に『奉』の文字。2世紀中頃。
1998年、三雲遺跡（福岡県前原市）の土器に『竟』の文字。3世紀中頃。
1998年、根塚《ねつか》遺跡（長野県木島平村）の土器に『大』の文字。3世紀後半。

わずか2年あまりのうちに、このように嬉野町の土器を超える最古文字がどんどん見つかっていったんです。

三重県嬉野町では、町職員の名刺に最古文字が書かれた土器の写真や説明を刷りこんだり、歴史のシンポジウムを開いたりしていましたが、こうした発見の連続に、すっかり最古文字の印象は薄れてしまいました。

しかし、そんな嬉野町が再び注目を集めることになります。

同じ片部貝蔵遺跡から2世紀末の土器が出土し、その土器の中央部に墨書で、やはり『田』の文字が書かれていたのです。

この土器は奈良大学の水野正好学長が鑑定、文字の可能性が高いとされたため、1999年12月、嬉野町教育委員会がこの発見を発表しました。

2世紀中頃の大城遺跡の『奉』は、文字の可能性を指摘しただけで、文字だとは断定していないため、再び嬉野町が日本最古の文字の町に返り咲いたのです。

なお、一言つけ加えておくなら、これを文字だと断定することに慎重な声も学者のなかには少なくないようです。単なる記号ではないのかというのです。

ちなみに2004年4月、市野谷宮尻《いちのやみやじり》遺跡（千葉県流山市）で『久』と記された3世紀後半の土器が発見されました。土器は古墳時代初期の土師器の壺、その口縁部に筆ではっきりと書かれているのがわかります。

これは東日本における最古の墨書であり、かつ、確実に筆跡だと証明できるものとしても、最も古いといってよいのではないかと思います。

ところで、2005年10月、漢字の発祥地中国で、その歴史を塗り替える最古の絵文字が発見されました。寧夏回族自治区の大麦地地区において約8400点の壁画が見つかり、しかもそのうち、象形文字の形態をなしている絵文字が約1500点にのぼりました。書かれた年代ですが、なんと1万8千年から1万年前とみられているのです。ビックリですね。さすが、漢字の本家本元です。

さて、最古の文字として話題になった嬉野町ですが、平成の市町村大合併により、2005年、松阪市に編入されました。また、近年はすっかり「最古の文字」探しの熱も冷め

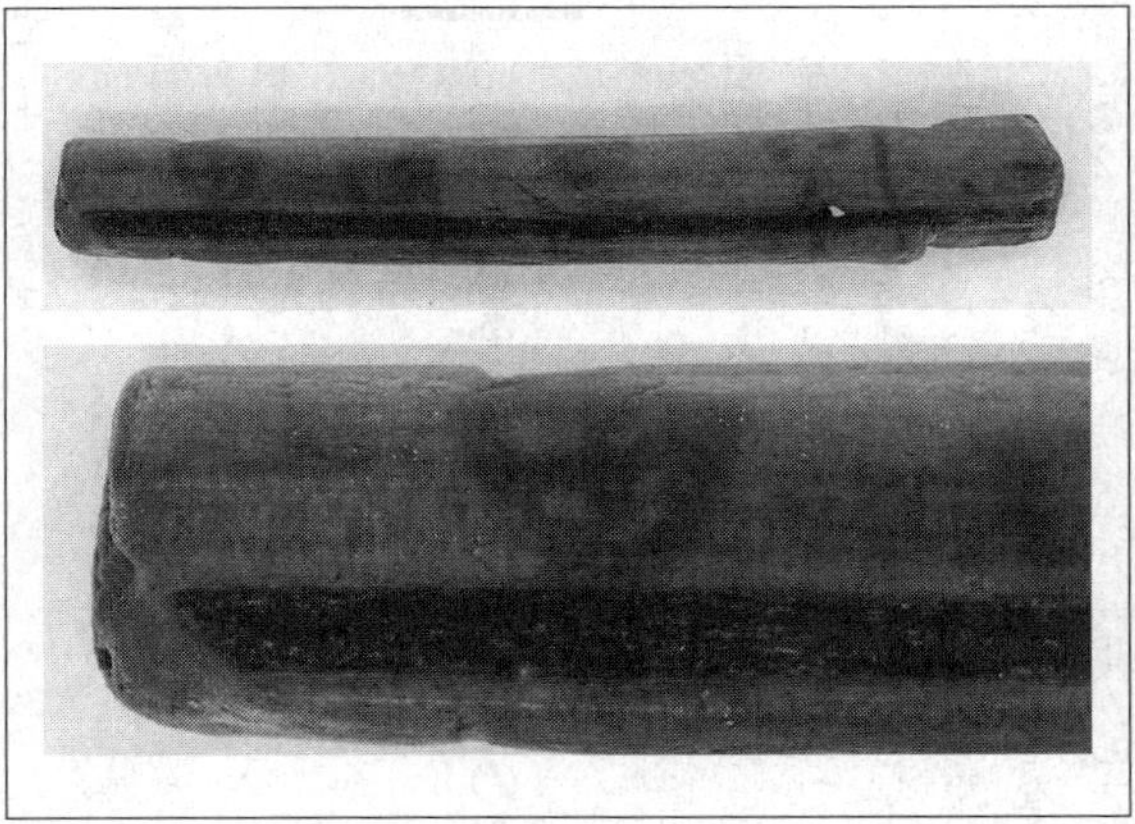

断定できないが柳町遺跡出土品の文字らしいもの（熊本県教育委員会）

「奉」の文字にも見える大城遺跡の弥生土器（津市教育委員会）

てしまっています。

ところがです。2019年3月。吉野ヶ里遺跡（佐賀県）から見つかっていた石製品を再調査したところ、弥生時代後期の硯《すずり》だと判明したのです。だとしたら、墨をつけて文字を書いていた人がいたわけですから、今後、墨書土器が出てくる可能性は十分あるわけです。もしかしたら、再び「最古の文字」探しが再燃するかもしれませんね。

## 法隆寺は本当に再建されたのか――再建論争再燃、そして決着！

『日本書紀』のなかに、670年に法隆寺は火災によってすべてが焼失してしまったとする記録があります。歴史学者の喜田貞吉氏は、その記事を史実であると確信し、現在の法隆寺は670年以後に再建されたものであると主張しました。

これに対して建築・美術史家で考古学の大家でもある関野貞氏は、法隆寺の主要な伽藍《がらん》がみな高麗尺《こまじゃく》という飛鳥《あすか》時代の尺法を用いて造営されており、なおかつ、火災の痕跡が境内にないことから、強く非再建説をとなえました。

この2つの説は、明治時代後期から大正時代にかけて学会を二分するほどの激しい論争に発展していったのですが、この時点では、決着がつきませんでした。

それがはっきりするのは、1939年のことです。法隆寺西院境内の東南隅を発掘したところ、なんと、現在の伽藍よりも古い金堂と五重塔跡が出土したのです。

発掘地域を昔から若草と称していたことから、この伽藍跡を若草伽藍と呼びます。

いずれにしても、この若草伽藍の出土により、法隆寺の再建は決定的となり、論争もここにおいて決着したのです。

これはたいへん有名な論争なので、歴史教科書にも、

「670年に法隆寺が焼失したという記事が『日本書紀』にあり、明治になってから、再建か非再建かをめぐる論争がおこった。その後、最初の法隆寺の建物とみられる若草伽藍跡がみつかったことから、法隆寺は焼失し、その後、金堂や五重塔などがととのえられ、現在の姿になったと考えられている」(『日本史B』三省堂　2013年)

というように明記されています。

## 法隆寺五重塔の心柱が残すミステリアスな疑問

ところが、です。

2001年2月、奈良国立文化財研究所が法隆寺五重塔の心柱を年輪年代測定法で調べ

たところ、その柱は594年に伐採された木材であることが判明したのです。

測定されたのは、1943年〜1954年までの五重塔解体修理のさい、輪切りにされ保存されていた厚さ数センチの心柱です。

いずれにしても、これは驚くべき結果だといえるでしょう。

なぜなら、法隆寺が厩戸《うまやど》皇子（聖徳太子）によって創建されたのは、607年のこととされているからです。つまり、創建のさい594年に伐採された柱を使用するのは、いっこうに不自然ではないわけです。

逆に、法隆寺が670年以後に再建されたとすれば、はたして75年以上も経過している古い木材をわざわざ心柱として使うでしょうか？

とすれば、単純に考えて、現在の法隆寺五重塔は、再建されたものではないという結論が導き出されてくるわけです。であるなら、確定したはずの法隆寺再建説は完全にくつがえってしまうのです。

これは、とんでもないことになりましたね。

ただ、それはあくまで単純に考えての話です。

まず年代測定の信憑性についてお話しましょう。我が国で年輪年代測定法を実施しているのは、奈良文化財研究所しかないのです。そのため、ほかの研究所との確定年代の比較ができないのです。さらには、この年代法については多少誤差があり、データが信頼するに値するか、いまいち疑問だとする声もあります。

なお、仮にデータが正しかったとして、次のような考え方もできるでしょう。

どこかのお寺の心柱を、法隆寺を再建するさいに、新しい五重塔に転用したのではないか、というものです。

けれど、この説に対しては異論もあります。

他の建物の柱を転用するといっても、法隆寺以前に、そんな巨大な柱を持つ建造物などは存在しないというものです。

いずれにしても、なんともミステリアスなお話です。

## 心柱だけがほかの部材より古いのはなぜ？

ところが2004年7月、その奈良文化財研究所が、法隆寺の再建は確実であることを例の年輪年代測定法によって明らかにしたんです。

同研究所の光谷拓実・古環境研究室長は、収蔵庫に残されていた法隆寺の古材の年代を精密に分析するとともに、法隆寺金堂や五重塔の屋根裏に入って年輪のわかる建築部材を1100万画素という高画質のデジタルカメラで撮影、これにより法隆寺の建築年代を確定したのです。

結果、６２４年から６６３年ごろに伐採された木材が使用されたことが判明しました。

先にお話ししましたように、『日本書紀』によれば法隆寺は６７０年に焼失したといいますから、測定法で10年程度の誤差があることを考えれば、まあ焼失後すぐに再建したと考えていいのではないでしょうか。

しかしながら、五重塔の心柱が５９４年のものであるということに関してだけは、やはりまだ説明はつきません。

なぜ心柱だけがほかの部材にくらべて非常に古いのでしょうか。

これに関して東京国立博物館の松浦正昭上席研究員は、「創建当初に聖徳太子が建てた刹柱《さっちゅう》と呼ばれる飾りのついた柱を、寺の象徴として五重塔に転用したのではないか」（『読売新聞』２００４年7月16日朝刊）と考えています。ただ、やはり私は、この説明だけでは、どうもスッキリしません。みなさんは、いかがですか？

## 明日香村で新発見！　古代大土木工事跡の謎

奈良県明日香村にある丘陵の頂上に、昔からなんとも不可思議な巨石が転がっているのをご存知でしょうか。

長さ5・5メートル、幅2・3メートル、厚さ1メートルの大きな石です。巨石の上面は平らになっており、美しい円形と楕円形のくぼみが4つほどあり、それぞれが幅10センチの直線でつながっています。いったい、この奇妙なくぼみと線刻はなんだろう、ということで、江戸時代からさまざまな説が伝えられてきました。

地元ではこの石を「酒船石《さかふねいし》」と呼んでおり、濁酒《にごりざけ》を清酒にする装置だとか、酒造関係の施設などと思っていたようです。

その後、これまで石の用途をめぐっては、灯油製造装置、朱造り装置、天文観測装置、庭園の石など、いろいろな説が生まれ、なかには道教やゾロアスター教と関係があるのではと推測する学者まで存在します。

明日香村教育委員会では、1990年代初めから、そんな酒船石周辺の丘陵の発掘調査を始めました。

その結果、石垣や版築（盛り土を突き固めたもの）が続々と見つかり、なんと丘陵全体に大土木工事が施されていることが明らかになったんです。現在では、斉明《さいめい》天皇によって築かれた両槻宮《ふたつきのみや》であった可能性が高いと考えられるようになっています。

## 生命力のシンボルである湧き水への信仰や祭祀の場か⁉

2000年2月、その酒船石遺跡の第12次調査の過程で、見事な石組み遺構が発見されました。出土場所は、東と西の尾根に挟まれた底部にあたり、尾根の斜面には階段状の石垣が積まれ、底部には12メートル四方の石敷が施されていました。そしてその中央部分に、これまで発見されたことのない、これまたなんとも不可思議な姿をした石造物がふたつ見つかったのです！

ひとつは、縦1・65メートル、横1メートルの小判型のような形をしており、ちょうど浴槽のように、なかがくり抜かれていました。ちょっと見ると、大きな和式便器のようにも見えます。槽底から8センチのところに小さい穴があいており、たまった水が流れ落ちるような構造になっています。

そんな小判型石造物から流れ落ちた水を受けるのが、もうひとつの石造物です。やはり、真ん中が大きくくり抜かれて水槽のようになっていますが、その形は真ん丸で、面白いことに、その姿は亀の形をしているんです。南に頭、北にしっぽがあり、ちゃんと手足もついています。顔は眼と口が巨大で、ひじょうに愛らしい容姿です。

参考までにいうと、聖徳太子の追善のために作成された『天寿国繡帳《てんじゅこくしゅうちょう》』の亀にソックリであることから、これをモデルにした可能性があると指摘されています。

この亀形石造物は、小判型石造物から流れ落ちる水を亀の鼻にあいた穴から受け入れ、しっぽの穴から溝に落ちるようになっていました。しっぽの穴に栓をしてしまえば、およそ200リットルの水をためることができるといいます。

なお、石造物は当時としてはたいへん精巧につくられており、「こうした高度な石工技術はおそらく、このころ朝鮮半島から渡来した石職人によって加工されたのではないか」と考える学者もいます。

発掘された当初は、この2つの石造物が、水を使った祭祀用施設なのか、庭園の湧水施設なのか、その設置目的がはっきりしていませんでした。ところが同年5月、小判型石造物のすぐ後ろから、石造物に水を供給する湧水施設が発掘されたのです。石を11段に積み上げ、四角い取水塔をもつ前例のない構造物だといいます。

京都大学の上田正昭名誉教授は、「生命力のシンボルである湧き水に対する信仰や祭祀の場であろう」と推論しています。

６３２年、唐の離宮・九成宮《きゅうせいきゅう》で甘い水の湧く霊泉が発見されています。「この情報を遣唐使から伝え聞いた斉明天皇は、湧水の湧くこの場所に、九成宮を模した施設をつくったのではないか」そんなふうに滋賀県立大学の菅谷文則教授は考えています。

２０１９年4月、大阪の四天王寺で驚きの調査結果が発表されました。境内の亀井堂の石造物が酒船石遺跡の亀形石造物と同じ構造物であり、7世紀につくったものだとわかったのです。完全にいまも湧水を受ける施設として現役で活躍しています。このため、明日香村の亀形石造物も湧水を用いた施設であるのは間違いないと思います。

ところで、その湧水のお味のほうですが、飲料水メーカーの伊藤園と日本食品分析センターがこれを分析してみたところ、六甲山系の水質とほとんど同じで、ミネラルを豊富に含んだバランスのとれた軟水であることが判明したそうです。

いまでも飲料に適しているということですので、ぜひとも一度味わってみたい気がしますね。

## 日本最古の貨幣は和同開珎《わどうかいちん》ではなく、富本銭《ふほんせん》!!　いや、さらに古い銀銭?

　708年に鋳造された和同開珎が、我が国最古の貨幣だと信じ、授業でもそのように教えてきた私にとって、1999年1月に飛鳥池工房遺跡（奈良県明日香村）から出土した富本銭は衝撃でした。これが日本最古の貨幣だなんて、そんな説はすぐには信じられませんでした。

　でも、当初は33枚しか出土していなかった富本銭ですが、その後膨大に見つかりはじめ、少なくても9000枚以上がつくられて国内で流通していたという事実がほぼ確実になった段階で、私もついにこれまでの考えを改めざるをえなくなりました。

　現在では、「富本銭は、我が国初の流通貨幣である」というのは定説化しています。

　というのも、高校の歴史教科書にも「7世紀の天武天皇時代の富本銭に続けて、唐にならい和同開珎を鋳造した」（『詳説日本史B』山川出版社　2018年）とか、「富本銭は、最近、奈良県明日香村の飛鳥池遺跡から出土したもので、この貨幣は、和同開珎より早い683年に天武天皇が銅銭を鋳造させたという『日本書紀』の記事にあたることが明らかに

飛鳥池工房遺跡から見つかった「富本銭」（高森町歴史民俗資料館蔵）

なっている。」（『日本史B』三省堂２０１３年）といったように、はっきりと富本銭が和同開珎よりも古い貨幣だと明記されるようになってきているからです。さらに大学センター入試、早稲田大学や慶應義塾大学の入試にも富本銭が出題されています。

ちなみに、飛鳥池工房遺跡で富本銭が数多く発見される以前より、すでに富本銭の存在は知られていました。他の遺跡から何枚も出土していたからです。ただ、鋳造工法が江戸時代の貨幣である寛永《かんえい》通宝《つうほう》と酷似していることから、おそらく富本銭は、江戸時代につくられた「まじない用のおもちゃのお金だ」と推測されていたのです。

つまり、富本銭の鋳造年代は、一気に千年もさかのぼってしまったわけです！

## 16の遺跡から120枚以上発見された「富本銭より古い銀貨」とは？

ところで、この富本銭は銅貨ですが、この通貨が鋳造される前、少なくても天智天皇の時代以前に、我が国で銀貨がつくられていたことがわかっています。また、現物も出土しているんです！　知っていましたか？

これを学会では、無文銀銭と呼んでいます。直径3センチ、厚さは2ミリの円盤で、真ん中に小さな穴があいています。文様はありません。だから無文銀銭というのですが、この銀貨は、現在、畿内を中心に16の遺跡から120枚以上発見されています。

形は悪いが重さは10グラムにぴたりと統一されており、これが通貨であることは疑いないようです。おそらく、一部の貴族たちのあいだで取り引きされたり、蓄財されたと思われます。そんなわけで、この銀銭こそが我が国初の流通貨幣だとする考え方もあります。

ただ当時、銀はとても高価であり、それ自体が米や布と同じような物品価値をもっていました。いっぽう富本銭のほうは、現在のコインのように、その価値は実際の価値よりもずっと低く、国家が「これは通貨ですよ」とその価値を保証することによって、社会に流通するお金であったといえるのです。

ちなみに前者を「物品貨幣」というのに対し、後者を「名目貨幣」と呼びます。つまり富本銭は、現在と同じ「名目貨幣」として、日本初のものだったといえるのです。

## 興福寺《こうふくじ》中金堂《ちゅうこんどう》は巨大建築、東大寺の塔は100メートルタワーだった！

奈良にある興福寺は、摂関政治をになった藤原氏の氏寺《うじでら》です。中臣《なかとみ》（藤原）鎌足《かまたり》が病にかかったとき、夫人の鏡女王《かがみのおおきみ》が回復を祈って造営したと伝えられています。

そんな興福寺は、2010年でちょうど創建1300年を迎えました。境内では、これを機に2023年度までさまざまな整備事業が進められています。2018年には国宝館がリニューアルオープンし、ガラスケースが除かれ、ナマで見ることができるようになりました。

江戸時代に建築された現・中金堂も修復のため十数年前に解体され、その跡地で奈良文化財研究所がくわしく発掘調査をおこないました。2001年6月には、その成果と文献・絵画史料などから、創建当時の中金堂のすがたがはっきり浮かび上がってきました。

中金堂は、これまでなんと7回も焼失していますが、66個の礎石は、火災によるひび割れや変色が見られるものの、発掘調査により、創建時のままの位置にあることが判明しました。

また、この中金堂の建っている場所は、丘陵の頂上部を大規模な土木工事によって削平しており、人工的につくった平坦地だったこともわかりました。

さらに、創建当初の中金堂は、基壇（土台）が東西約41メートル・南北約27メートルという大きさを持ち、平城京の大極殿（第一次）の東西44メートル、南北19・5メートルに匹敵する巨大な建築物であることが明らかになったんです。

この調査により、当時の藤原氏勢力が、いかに強かったかが明らかになったわけです。奈良文化財研究所の馬場基研究員は、興福寺中金堂をつくった背景について、「藤原不比等が藤原氏の力を誇示するため、巨大な氏寺をつくり、都全体ににらみをきかせようとしたのではないか」とプレス発表しています。

## クレーンも鉄骨もない時代に存在した高層タワーの不思議

大極殿に匹敵する巨大な建築物であった興福寺中金堂ですが、それでは、奈良時代に最も高い建物は、いったい何メートルくらいあったのでしょうか。

現在、木造建造物で最も高いのは、ご存知のように、江戸時代に再建された京都の東寺にある塔です。高さはなんと、57メートルもあるそうです。

ちなみに奈良時代には、それよりずっと高層のタワーが奈良の地に建っていたんです！

それは、興福寺のすぐそばにある東大寺の境内にありました。大仏殿の両脇に東塔と西塔がツインタワーとしてそびえ建っていたのです。なんとその高さは、約100メートルに達したことが、古記録から判明しています。

2004年には、両塔の相輪《そうりん》（頭頂部の金属の飾り）を鋳造したと思われる巨大な遺構が東大寺の境内から出土しました。相輪の鋳造には45トンの銅を用い、その高さは26メートルに達したといいますから、なんとも驚異的です。

クレーンも鉄骨もない時代、よくぞ、そのような高層のタワーが建てられたものです。しかも、西塔は200年間、東塔は400年間も建ちつづけていたのです。ちなみに両塔は、大風によって倒壊したわけではありません。両方とも火事で焼失したといいます。

このように、私たちが思っている以上に、古代の建築技術は進んでいたのです。

ちなみに、1970年の大阪万博ではパビリオンとしてこの塔が再建されています。ただ木造では困難であり、鉄筋コンクリートのプレハブ工法でつくられ、万博が終わると解体されてしまいました。

なお、東大寺は、2010年に創建当初の伽藍を復元すると発表。近い将来、100メートルのツインタワーを見ることができるかもしれません。

# 第3章
# 歴史教科書だけではわからない、意外な事実

# なぜか教科書がボカす、桓武天皇の平安京遷都《せんと》の本当の理由は？

桓武《かんむ》天皇が平安京に遷都したのは何年のことですか？

そう聞かれたら、きっと「鳴くよ（794）ウグイス平安京」という語呂合わせがすぐに口をついて出てくるのではないでしょうか。それほどこの年号は、有名ですよね。

でも、それより10年前の784年に、長岡京へ桓武天皇が遷都していた事実は、高校で日本史を選択していなければ知らない人も多いかと思います。

日本史選択者でも、20年以上前の教科書には、「長岡京」という語が本文に掲載されておらず、端っこの脚注などに小さく記されているにすぎなかったので、記憶になくても仕方ありませんね。

ところで、桓武天皇が奈良の平城京を捨てて長岡京に移ったのは、これまで政治と密接に結びついていた仏教勢力を断ち切るためだといわれています。

もうひとつの理由として、天智《てんち》天皇系の新都を造営しようと考えたのだという人もいます。710年に平城京をつくった元明《げんめい》天皇から続く歴代天皇は、天武《てんむ》天皇の血筋を受け継ぐ系統でした。しかし桓武の父・光仁《こうにん》天皇は、久しぶりの天智天皇（天武の実兄）系統の天皇であり、そんな父から皇位を引き継いだ桓武は、自分の系統の都を新たに造ろうという野望を持っていたのだというのです。

いずれにしても、桓武天皇が最初に遷都した地は、京都ではなく長岡だったのです。でも、わずか10年で桓武はこの場所を立ち去ってしまいます。こうして長岡京は未完のまま、うち棄てられてしまうのです。

その理由について歴史教科書では、「造宮使の藤原種継《たねつぐ》の暗殺などがおきて社会不安が広がり、造営が中止された」（『詳解　日本史B』三省堂　２０１３年）と書かれています。

長岡京を造営するための責任者であった藤原種継という人物が暗殺されたから新都の建設を取りやめたというのです。しかし、よく考えてください。部下がひとり殺されたくらいで、どうして桓武は壮大な新都の造営をあっけなく中止してしまうのでしょうか？

みなさんも、この教科書の記述だけでは、とても納得できませんよね。

## 桓武天皇は怨霊に悩まされて長岡京を棄てた⁉

実は、種継暗殺に端を発した怨霊に桓武は悩まされつづけ、ついに遷都を余儀なくされたというのが真相なのです。でも、怨霊を恐れて桓武天皇が平安京に遷都しましたなんてことは、まだ教科書には明記できないようで、このような不明確な記述になっているのでしょう。そこで、この事件について詳しくお話ししましょう。

785年、長岡京の造営長官だった藤原種継が暗殺されました。捜査の結果、暗殺に関係したのは、遷都に反対する貴族たちだということがわかりました。

しかも、その犯人の多くが、皇太弟（桓武の実弟）であった早良《さがら》親王の親しい者たちだったのです。激怒した桓武天皇は、早良親王が黒幕だと判断、彼から皇太子の位を剝奪し、淡路島へ配流することに決定しました。

これに対して早良は断固無罪を主張し、己の言い分が受け入れられないとわかると、以後いっさいの食を絶ち、配流先の淡路島に到着する前に船のなかで餓死してしまいました。

それからというもの、桓武天皇の周りで異変が続々と起こるようになりました。近親が相次いで亡くなっていったのです。さらに天変地異が頻発します。そうして、桓武天皇の身辺に超常現象が起こるようになってきます。屋根の上に土の雨が降る音が聞こえてきたり、奇妙な鳥が内裏の庭に入りこんできたりといったように。

このためにノイローゼ状態になった桓武天皇は、きっとこれは早良の怨霊の仕業に違いないと信じこみ、彼の供養をたびたび執行したり、除霊の儀式をおこなうなどしますが、いっこうにその効果はありませんでした。そこで早良の遺体を淡路島から奈良へ改葬し、その怒りを鎮めようとしましたが、それでも祟《たた》りはやみません。

そこでとうとう桓武は、長岡という呪われた地を破棄することに決めたのです！　こうして794年、平安京遷都がおこなわれたのです。

「怨霊を恐れて桓武天皇が平安京に遷都した」

なんとも信じがたいお話ですが、これはほぼ学会の定説になっていました。

## 長岡京造営に反対する勢力に桓武天皇は屈したのか？

しかし近年、この説に対する疑問も提示されるようになってきました。

長岡京の発掘は1954年以来断続的に続けられていますが、2000年2月、長岡京の北端部にあたる地区から、内裏の正殿（天皇の御在所であり、政務の場）に匹敵するような大規模な離宮跡が発見されたのです。

離宮跡には、少なくても大型掘立柱建物が2棟以上建っていたと思われます。柱の太さから、左右に脇殿を有する巨大な高楼だったらしいのです。離宮跡は、東西が長い長方形で、東西400メートル、南北250メートルに達すると推定されています。

なんとも不思議なのは、この離宮跡の建物群は、790年前後にも建築が続いていたと推定されることです。これは、早良親王の祟りがすでに本格化している時期にあたります。

つまり、長岡京から平安京への遷都の原因を早良親王の祟りに求めることに、少しつじつまが合わなくなってくるのです。

では、早良親王の祟りが原因ではないとすると、いったいなぜ桓武天皇は、わずか10年で新都を捨てたのでしょうか？

帝塚山学院大学の中尾芳治教授は、その理由を「長岡京の造営が、平城京を離れることに反対した勢力の影響で思うとおりに進まなくなり、それで急遽思いきって再び都を移した」のではないかと推測します。

はたして本当のところはどうなのかはまだよくわかりませんが、それにしても、これまでの定説を崩しかねない発掘成果であることだけは確かなようです。

## 出雲大社はなんと15階建てのビルに相当する空中神殿だった！

日本史の教科書には、豪族が先祖を氏神《うじがみ》として祀る「神社」という施設をつくるようになったのは、古墳時代（3世紀半ばから7世紀）のことだと記されています。

その代表的なものとして、伊勢神宮（三重県）や住吉大社（大阪府）とならんで出雲大社が教科書に必ず登場します。

じっさい、２０００年9月には、出雲大社の敷地内から古墳時代の柱穴や土器、臼玉《うすだま》11点が出土しています。臼玉というのは祭祀に使用されるもの。つまり、すでに古墳時代に、出雲大社の地に祭祀をおこなうための施設が存在していたことが、考古学的にも立証されたワケです。

そんな古い由緒をもつ出雲大社（島根県大社町、現・出雲市）で、２０００年4月、日本の建築史を完全にくつがえす発掘成果があったのをご存知ですか？

出雲大社の境内から11〜13世紀の神殿の柱穴2基が見つかったのです。といっても、尋常な大きさではありませんよ。その柱穴の直径は、なんと約3メートル‼　これは、木造建築のものとしては世界最大といってよいでしょう。しかも、巨大な柱穴のなかには、直径1・2メートル近くの3本の柱（杉木）が残存していたんです。

実はこれこそ、出雲大社本殿の伝説の柱だと思われるのです！

出雲大社宮司の千家には、『金輪御造営差図《かなわごぞうえいさしず》』と呼ばれる建物の図が昔から伝わっています。確たる作成年代は不明ですが、13世紀半ばまでさかのぼる可能性があるようです。

その古図の建物は出雲大社の本殿（社殿）だとされ、図中には太さ1・2メートルの3本の柱を金輪で束ねた絵が描かれているのです。

古代出雲大社本殿復元図（復元:大林組　画:張仁誠）

そう、まさに古図に記されていたとおりの3本金輪柱が、出雲大社の境内から発見されたのです。

ところで、今から半世紀前の1955年、京都大学名誉教授で、建築史家だった福山敏男氏が、この『金輪御造営差図』をもとに神殿を図面で復元したことがありました。その結果、神殿は109メートルの階段を持つ、高さ48メートルの空中神殿となったのです。

「古代にそんなばかでかい建物をつくる技術があるはずがない！」

この結果を知った学者からは、そのような反発の声が出て、学会ではかなりの論争に発展したそうです。

しかしながら、今回まさに『金輪御造営差図』と完全に一致する柱が現実に出土したことによって、中世という時代における出雲大社の神殿が、高さ48メートル（16丈）をほこる高層建築であったことが、ほぼ確実になったのです。

48メートルという高さは、現在のビルでいえば15〜16階建てに相当します。私たちの常識をはるかに超える建物が中世に存在したのです。

現在の出雲大社の神殿は24メートル。それでも神殿としては国内最高なのに、中世にはその倍以上の神殿がそびえ立っていたわけで、これってすごいことだと思いませんか？

## 高層建築は大国主命「国譲り」の神話を証明するもの？

では、いったいいつからこうした高層神殿が出雲大社にあったのか、ということですが、すでに平安時代の文献には、「48メートルの神殿があまりに高すぎて何度か倒壊した」という記録が残っています。

それにしても、なぜ何度も簡単に倒れてしまうような、不安定でばか高い神殿をつくったのでしょうか？

その理由については、残念ながら正直よくわかりません。ただ、出雲（島根県）を含む日本海側には、縄文・弥生時代の遺跡から高層建築の遺構が多数出てきています。どうやら昔から、そうした高層建築を祀る風習があったようなのです。また、雲に乗って高い楼閣に登るという中国の道教の影響があるのではないかと考える学者さんもいます。

それにしても、驚異的な高さですね。

ところでみなさん、国譲りの神話というものをご存知でしょうか——。

奈良時代に編纂された『日本書紀』に記載されている物語です。そこには、出雲を支配していた大国主命《おおくにぬしのみこと》が天照大神《あまてらすおおみかみ》（皇祖神）に自分の国を譲るさい、その条件として柱を高く太くした神殿を建ててほしいと要求したという物語が載っています。まさにそれが現在の出雲大社の社殿であるという伝承が存在するのです。

神話は史実ではないといわれますが、今回については、まさに神話を発掘成果が論証するかたちになったわけで、きわめて面白いと思います。あながち神話は夢物語だと、馬鹿にできないのかもしれません。脚色された話のなかに、真実というものが密かに隠されているのかもしれませんね。

## 科学が解いた、中尊寺金色堂に眠る奥州藤原氏の遺体の謎

中尊寺金色堂は、院政期の阿弥陀《あみだ》堂建築の代表的な遺構です。

3間四方の小さな建物ですが、4壁から屋根に至るすべてに金箔がほどこされ、その名の示すとおり『皆金色《かいこんじき》』となっています。螺鈿《らでん》や瑠璃《るり》をちりばめられた須弥壇《しゅみだん》には、33体の黄金仏が安置され、七宝荘厳の巻柱が周囲を取り囲んでいます。その壇下には、なんと金の柩《ひつぎ》に入った奥州藤原氏三代の遺体が眠っているんです！

ちなみに螺鈿の貝は、はるか琉球の深海に棲《す》む夜光貝がもちいられ、須弥壇を白く飾る象牙はインド象ではなく、驚くべきことにアフリカ象の牙が使われています。

まれに見る贅《ぜい》をつくした墓堂といえるでしょう。

この中尊寺金色堂こそ、東北の地に忽然と花開いた平泉文化の象徴であり、奥州藤原王国の名残りをいまに伝えるただひとつの歴史的モニュメントなのです。

## 百年にわたって、さいはての地に光を放った藤原王国の栄華

金色堂が残る中尊寺は、奥州藤原氏の初代・藤原清衡《きよひら》によって、北上川と衣川が合流する平泉の西、関山《かんざん》に建立されました。その伽藍《がらん》は20年以上の歳月をかけて築きあげられ、その数は寺塔四十余宇・僧坊三百余宇におよんだと伝えられます。しかもそれらの建物がことごとく金色であったというのだから、その景観はあたかも西方浄土《じょうど》の様相を呈し、さぞかし壮観であったと思われます。

古来、奥州（東北地方）は金を産しました。その産出量の多さは他に類をみず、朝廷における中国との貿易は、ほとんどが奥州金によって決済されたと伝えられるほどです。藤原清衡は、この金（財力）と奥州産の馬（武力）を駆使して、朝廷からの統制を排除し、東北の地に平泉を拠点とした藤原王国を築きあげたのです。

現在の平泉は人口八千人にも満たない小さな地域で、900年前、ここに黄金文化が花開いたとは思えない静けさが、あたりを包みこんでいます。しかし近年、同地の発掘調査がすすみ、藤原氏時代の平泉の全貌がしだいに明らかになってきているんです。

京都の法勝寺《ほっしょうじ》（白河上皇が創建した壮麗な巨大寺院）を模した広大な毛越寺《もうつうじ》や、宇治平等院にならった無量光院《むりょうこういん》の大伽藍跡が確認されています。

また、藤原清衡の居館である「柳之御所」跡からは、おびただしい中国産の白磁や国産の陶器が出土しました。その数は、京都の町や大宰府《だざいふ》（九州における朝廷の拠点）に匹敵するほどだといいます。

さらに「柳之御所」周辺からも、数々の生活用具や装飾品、遊具などが発掘されており、たとえば、食器に使用する土器だけでもその量は10トンに達するといいます。奥州藤原氏が、いかに豊かな文化水準を保っていたかがわかります。閑散とした農村である現在の平泉に、確かにかつて藤原王国は存在したのです。そんなこともあり、2011年6月「平

奥州藤原氏三代の遺体が眠る中尊寺金色堂（中尊寺）

泉——仏国土（浄土）を表す建築・庭園及び考古学的遺跡群——」として世界遺産に登録されました。

奥州藤原氏は、清衡から始まって基衡《もとひら》、秀《ひで》衡《ひら》と三代続きました。しかしながら四代泰衡《やすひら》の代で、栄華を極めたこの一族も、東国を支配する源頼朝の総攻撃によって、あっけなく滅び去ってしまうのでした。１１８９年のことです。

「五月雨《さみだれ》の　降り残してや　光堂」

これは、松尾芭蕉が中尊寺金色堂を訪れた際、詠《よ》んだ歌です。

月見坂を上って芭蕉が中尊寺の境内に足を踏み入れた初夏、すでに清衡時代の伽藍は野火のためにすべて焼失しており、わずかに当時の原型をとどめているのは、金色堂だけでした。平泉というさいはての地に現出した高度な仏教文化は、100年にわたって眩《まばゆ》い光を放ったかと思うと、わずかに金色堂のみを残して、淡雪のように忽然と消え失せてしまったのです。

## 基衡・秀衡の遺体の並び順が絹布の分析で判明！

ところで1950年、学術調査団によって、金色堂に眠る奥州藤原氏の遺体の調査が初めてなされました。

このとき、いちばんの関心事となったのは、はたして奥州藤原氏は、北海道をおもな居住区とするアイヌなのかということでした。

遺体はそれぞれ、金箔の張られた黄金の棺におさめられており、蓋《ふた》を開いてみると、その副葬品は、アイヌ文化の特徴を色濃く反映しているものが多かったといいます。しかしながら、遺体をくわしく調査してみると、その身体的特徴にはアイヌ的な要素は見られませんでした。

さて、その学術調査から約半世紀がすぎた1999年、ようやく3遺体の個人が特定されたました。実は3体のうち、真ん中の遺体が初代・藤原清衡であることは文献から判明していましたが、二代・基衡と三代・秀衡のどちらが右、あるいは左なのかがはっきり特定できていなかったのです。

というのは、中尊寺経蔵文書には、「左が基衡、右が秀衡」とあるだけで、金色堂に向かった並び順なのか、それとも背にした並び順なのかがわからなかったためです。

それをはっきりさせようと、帝京科学大学の中条利一郎教授らが、遺体が身につけていた絹布の化学分析をおこなったのです。

えっ？　絹布の化学分析なんかで、どうして個人が特定できるの？

きっとみなさんも、大いに不思議に思うことでしょう。

しかし、驚くべきことに、科学の発達した現代、それは可能なんです。

まず、「核磁気共鳴（NMR）」という分析手法を用いて絹布に含まれるアミノ酸の種類を測定するのだそうです。蚕というのは、気温によって吐く糸に含まれるアミノ酸の種類が違うためです。

ちなみに、木の年輪から算出されたデータを分析した結果、藤原基衡が死んだときより、秀衡の死んだときのほうが、気温が高いことが判明していました。

すなわち、絹布を調査することによって、どちらが気温の高いときにつくられた生糸なのかを特定すれば、両者がおのずから特定できてしまうというわけです。

調査の結果、金色堂に向かって右が基衡、左が秀衡だと判明しました。

いやぁ、現代の科学の発達というのは、すごいもんですね。

## 源頼朝の弟・範頼は、うかつな一言によって抹殺されてしまった⁉

歴史上の人物のなかにも、人気のある人物に隠れてしまって目立たない人がいます。源範頼《のりより》などは、その典型だといえるのではないでしょうか。

範頼は、源頼朝の弟です。

兄・頼朝の命で、弟の義経とともに平氏討伐をおこなった源範頼ですが、義経の華々しい活躍の陰に隠れてしまって、目立たない存在になりさがっています。

だから、そんな人物知らないよ、っていう方もいるかもしれませんね。

ちなみに日本史教科書では、範頼については次のように記述されています。

「頼朝は東国の安定に意をそそいでみずからは鎌倉を動かず、弟の範頼・義経らを上京させて、１１８４（元暦元）年、義仲を討たせ、源氏一族の長となった」（『日本史B』実教出版　２０１８年）

「京に入った義仲は、やがて後白河と対立し、源頼朝の派遣した源義経・源範頼の軍勢に都を追われた。義経と範頼はさらに西国の平氏を攻め、1185（文治元）年、長門の壇の浦で清盛一門の平氏は滅亡した」（『日本史B』東京書籍　2009年）

いかがでしょうか。

ふたつの歴史教科書を並べてみてわかるように、意外なことに範頼は、あの義経とまったく対等にあつかわれ、評価されているのです。驚かれたのではないでしょうか。

でも、その知名度はゼンゼン異なりますよね。

義経は大河ドラマの主人公にもなりましたし……。

その活躍も対照的です。

1184年の一の谷の戦いでは、範頼は大手の大将として出陣しているのに、苦戦してなかなか敵軍を破れません。いっぽう搦手《からめて》の義経は、奇襲（鵯越《ひよどりごえ》の逆落とし）によって味方を勝利に導きました。

さらに1185年、範頼は九州へ逃げた平氏軍と戦っていますが、強い抵抗にあって苦戦してしまい、義経軍が来援してくれてようやく壇の浦で平氏を滅ぼすことができたのです。やはり範頼は、義経と比較すると凡将だったようです。

けれど、非凡であったがゆえに義経は、しだいに兄・頼朝と対立を始め、ついには失脚して、奥州の地で悲惨な最期を遂げることになってしまいました。

歴史教科書には、それに関して、

「(藤原)秀衡の死後、子の泰衡は頼朝の要求で義経を殺したが、結局は滅ぼされた」(『新日本史B』桐原書店　2007年)

と書かれています。

「これとは対照的に、源範頼のほうは凡人だったために生涯を全うできた」

といいたいところなのですが、実は範頼も頼朝によって抹殺されているのです。

ただし、これについては、教科書にはいっさい記されていません。

それには、理由があるんです。

## 義経に好意を抱いていた範頼が頼朝の反感をかった、さまざまな理由

頼朝は、義経をかくまったことを口実として、1189年に奥州藤原氏を滅ぼし、これにより関東のみならず東北をも支配する大勢力になりました。すなわち、義経の死が日本史に大きな影響を与えているのです。

それに対して範頼の死で歴史が大きく変動したわけではありません。それが、教科書に明記されなかった理由だといえるでしょう。

でも、ここまでお話ししたら、「それではいったい、源範頼という人はどのような最期

を遂げたのか」そう気になる方もいるでしょうから、教科書に載らない彼の後半生を紹介していきますね。

源頼朝は、自分に叛旗《はんき》をひるがえした義経を討伐しようと決意、その総大将として範頼を任命しようとしました。でも範頼はこれを固辞したといいます。義経に好意を抱いていたからだと伝えられますが、このとき頼朝は範頼に向かって、「お前も義経のように俺に反逆するなよ」と恐喝したそうです。

ただ、その後は何事もなく、兄弟の仲は表面上悪くなかったようです。しかし、1193年5月28日に発生した曾我《そが》兄弟の仇討ち事件のさいの一言が、死を招くことになってしまいました。

富士の裾野で大々的な巻狩《まきがり》をおこなっているとき、仇討ち事件は発生しました。このおり、どうしたわけか幕府のお膝元鎌倉には、「この事件で現場は大混乱に陥り、頼朝も命を落としてしまった」という衝撃的な誤報が流れたのです。

この知らせに、幕府は大いに動揺しました。

鎌倉で留守役を拝命していた範頼は、すぐさま頼朝の妻・政子《まさこ》のもとに駆けつけました。そして、政子に対して「たとえ兄が死んでも自分は健在であり、幕府は大丈夫です」と告げたのです。

御家人たちを安心させるための配慮だったのかもしれませんが、結局この一言が命取りになってしまいます。「俺に代わって将軍になろうという魂胆か」と頼朝に疑念を抱かせることになったのです。

兄・頼朝の不信を察した範頼は、起請文《きしょうもん》（誓約書）を差し出し、頼朝に対して忠誠を誓いましたが、そのときの署名に、「源姓《げんせい》」（源という苗字）を使用したことで、さらに頼朝の機嫌をそこねたといわれています。

それからまもなくの同年8月9日、頼朝の寝室に侵入した曲者《くせもの》が捕らえられました。なんとそれは、当麻《とうま》太郎という範頼の部下だったのです。

この事実からだけみれば、範頼が当麻太郎に頼朝を暗殺させようとしたと思えてしまいますね。

ただ、信用できる文献にこの事実は載っておらず、真偽のほどは定かではないうえ、事実だとしても、なんだか頼朝が範頼を陥れるのに格好な出来事で、頼朝のヤラセの臭いがプンプンします。

いずれにしても、この事件がきっかけになったのか、同年8月、範頼は逮捕されて伊豆の修禅寺《しゅぜんじ》に幽閉されてしまいました。

## 範頼にも残っていた、なんとも地味な生存伝説

それからの範頼についての記録は、残念ながらいっさい存在しません。
けれども、まもなく頼朝によって殺害されたのだろうというのが、おおかたの歴史家の見方です。

巷説によれば、頼朝は梶原景時《かじわらかげとき》に500の兵をつけて修禅寺へ差し向けたといわれます。

これに対して範頼は、弓矢で激しく応戦しますが、最後は屋敷に火を放って亡くなったと伝えられています。いっぽう、鎌倉にいた範頼の部下らも蜂起しましたが、幕府軍によってたちまちに鎮圧されてしまったといわれています。

それにしても、なんだかあまりパッとしない死に方で、人生に華《はな》というものが感じられない人ですね。

参考までにいえば、範頼の弟・源義経は、実は奥州で死なず、蝦夷地へ渡ったあと、さらにモンゴルに行き、チンギス・ハーンとなったという伝説があります。知っている人も多いでしょう。

この生存伝説は、意外なことに、範頼についても存在するんです。

梶原景時の襲撃を遁《のが》れ、船で横須賀まで行き、さらに現在の埼玉県比企郡の安楽寺に引きこもったというものです。その真偽は不明ですが、チンギス・ハーンになったという義

経に比べると、やはり冴えない伝説ですね。

## 鎌倉の大仏は、なんと大仏殿のなかに入っていた！

「蓮華《れんげ》王院本堂」——このお堂の名を聞いて、すぐにその姿が思い浮かびますか？かなり寺院に詳しい人でないと、難しいかもしれません。

実はこれ、京都にある三十三間堂の正式名称なんです。1001体の千手《せんじゅ》観音であまりにも有名ですよね。きっと修学旅行で拝観した方も多いのではないでしょうか——。

でも、たぶんその正式な名称は、ご存知なかったのではありませんか。

同じように、鎌倉の大仏を知らない人はいないと思いますが、「その正式名称を間違えずに正しくいいなさい」と問われたら、きちんと正解できる方はいったいどれだけいるでしょうか。

やっぱり、少ないのではないかと思います。

鎌倉の大仏は、正しくは「高徳院《こうとくいん》国宝銅造阿弥陀如来坐像」といいます。

う〜ん、聞いたことがないぞ、そんな感想を持たれた方、日本史の教科書には、鎌倉時

鎌倉の大仏「高徳院阿弥陀如来像」――当初はもっと大きな木造の大仏像であった

代の代表的な彫刻として昔から掲載されていますから、たぶん高校で勉強していると思いますよ。

この青銅製の大仏が鋳造されたのは、1252年のことだとされています。身体の部分を7パーツ、顔の部分を5〜6パーツに分けて作製、下から順番に巧みに鋳継がれてできあがっています。大仏の高さは約11メートル、重さは約120トンもあります。もし座っている大仏が立ち上がったとすると、なんとその背丈は24メートルにもなるそうです。きっと相当な労力と時間と費用がかかったことでしょう。

## 鎌倉の大仏はいつから、なぜ野ざらしになってしまったのか？

ところで、この鎌倉の大仏、もともとは露座《ろざ》ではなく大仏殿のなかに安置されていたと伝えられてきましたが、２０００年10月、その伝承が発掘調査によって判明しました。

鎌倉市は、同年8月より高徳院境内の発掘調査をおこなってきましたが、大仏から南西に20メートル離れたところで、大仏殿の柱の礎石を置くために土を固めた直径約3メートルの穴を2つ見つけたのです。穴は深さ１・８メートルまで、砂利と泥岩を交互に敷き詰め、突き固められていたといいます。

大仏の大きさと柱穴までの距離から算出すると、大仏殿は正面が44メートル、側面が40メートル、そしてなんと高さは、20メートル以上になると推定されます。東大寺の大仏殿より小さいけれど、それにしても、かつては巨大な大仏殿が鎌倉の地に存在したというワケです。

古記録によれば、「高徳院の大仏殿は１３３５年と１３６９年、大風（台風？）のために倒壊してしまったが、その後また再建された」とあります。

では、いったいいつから大仏殿が取り払われ、大仏は野ざらしになってしまったのでしょうか？

学者たちの研究によれば、それは１４９８年に大津波がこの地一帯を襲い、大仏殿が破壊されて以後のことだとしています。

それにしても、野ざらしになってから500年もよく風雪に耐えてきたものだと思います。ただ、近年は酸性雨の影響でかなり大仏が痛みつつあったため、十数年前に本格的な修復工事がおこなわれました。その後、2016年には大がかりな足場をもうけて大仏のクリーニング作業がおこなわれ、さらに美しくなりました。

ともあれ、鎌倉の大仏がかつて大仏殿のなかに鎮座していたなんて、きっとみなさんは意外だと思われたことでしょう。でも、それで驚くのはまだ早いのです。

## もともと大仏殿のなかに入っていた大仏は木造だった！

実は最初に大仏殿に安置されたのは、いまの大仏ではないんです。

この青銅造の大仏以前に、木造の大仏が存在したんです！

しかも、大仏を造ろうと企画したのは、鎌倉幕府を立てた源頼朝だったといいます。頼朝は、平氏に焼き討ちされた東大寺の再建に全面的に協力しますが、このおり、復元された東大寺大仏の壮大さを目にして、鎌倉にも同じような大仏を造ろうと思い立ったのではないかと思います。しかしながら、生前その目的は果たされませんでした。

そこで頼朝の遺志を継いだ波多野局が、北条政子の助力を得て、遠州（静岡県）の浄光《じょうこう》という僧侶に発願させて資金を集め、1238年に造立を開始したといい、6年後の1243年、ようやく落成供養にこぎつけることができました。

木造といっても、馬鹿にしてはいけませんよ。現在の青銅造のものよりずっと大きく、高さは24メートルもあったんです。ただ、どうしてだかわかりませんが、この木造大仏はわずか10年で破棄され、いまの大仏につくりかえられてしまいます。もしかしたら、あまりに巨大で、台風などによって倒壊してしまったのかもしれませんね。

いずれにしても、鎌倉の大仏は当初、木造の巨大仏が大仏殿のなかに入っていたわけで、現在のその姿からは想像できないものだったのです。

## 初めての金のシャチホコは、名古屋城ではなく安土城だった!

織田信長が拠点の城として安土城を築いたことは、どの歴史教科書にも書いてあります。しかし、築城が開始されたのが1576年で、信長が安土城天守閣に移ったのが1579年、それからわずか3年後、安土城は焼失してしまっているんです。つまり、たった6年の命だったのです。

巷説《こうせつ》によれば、本能寺の変で織田信長が明智光秀に殺されたことで、混乱した信長の次男・信雄《のぶかつ》が、安土城に火をつけたといわれていますが、本当のところはよくわかりません。

いずれにせよ、ものすごく短命だったことから、安土城がいったいどのような姿をしており、いかなる内部構造を持っていたのか、現在はほとんど伝わっていないのが実状です。

安土城についていちばん詳しい文献資料は、実際に信長に城中に案内された宣教師ルイス・フロイスの著書『日本史』でしょう。この書によれば、安土城はこれまで我が国で建てられたことのないような、壮麗な7層の宮殿だったとあります。

ちなみに安土城を描いた絵図ですが、伝承によれば、信長は絵師・狩野永徳に『安土城図』を描かせ、ローマ法王に献上したといいますが、残念ながら実物はいまだに発見されておりません。

現存する安土城図のうち、最も古いものは『近江国蒲生《がもう》郡安土古城図』です。ただ、これが描かれたのは、安土城が失われて100年以上が経過した1687年のこと。ですから、この姿を本当の安土城だとそのまま信じることはできません。

そんなわけで、安土城の全容を知る唯一の手段は、発掘による調査なのです。

## 安土城発掘調査で見つかった金の鯱《しゃちほこ》は南蛮文化の影響を受けていた

安土城の発掘が初めておこなわれたのは、戦前の1940年のことでした。このときの調査では、天守跡や本丸の礎石などが発掘されています。

その後、滋賀県教育委員会では、本格的に安土城を整備するため、1989年から20年という長期計画で発掘調査をおこなうことを決めました。現在、発掘の開始から十数年がすぎ、安土城に関してかなりのことが解明されてきています。

1998年2月には、安土城の天守閣のてっぺんに載っていたと推定される鯱（一部）が発見されました。

見つかったのは、ちょうど鯱の胸びれの部分です。大きさは長さ14センチ、幅11・5センチ、厚さが3・3センチありました。金箔が残っていることから、当初は名古屋城と同様、金の鯱だったことがわかりました。ひれの付け根の部分にはふたつの団子状の盛り上がりがあり、そうした形状は我が国の鯱には見られないタイプであることから、おそらく南蛮文化の影響を受けたのではないかと考えられています。キリスト教を容認し、外国文化を好んだ信長らしいですね。

ちなみに、天守閣跡から出土した鯱としては、この安土城が最古であり、どうやら信長が初めて天守閣に鯱を飾るという習慣を創始したようです。

## 次々に明らかになってきた安土城の全体像とは？

１９９９年から２０００年にかけては、安土城の主郭《しゅかく》部たる本丸・天守の発掘がおこなわれました。これによって、本丸の礎石配列がはっきり確定し、これまでひとつだと思われていた本丸は、実は東西２つの建築物を廊下状の建物でつないでいたことが判明しました。

また、西側の建物の構造は、天皇の御座所である清涼殿と同じ構造であることがわかり、ここが信長の居住空間ではなく、天皇を迎えるための『御幸《みゆき》の間』のある建築物だということも判明しました。

これは、信長の功績を記した太田牛一が著した『信長公記《しんちょうこうき》』に記されており、その記述の正しさが証明されました。

なお、本丸の建物柱は、通常の柱より1・5倍も太く、これまで書院造りだと思われていたものが、実は高床式の構造をしており、地面から4メートルも上がったところに床が張られていたこともわかってきています。

いっぽう天守のほうですが、２００１年から天守穴蔵の調査がおこなわれてきました。穴は見事な石垣に囲まれ、一面に漆喰《しっくい》が塗られ、なんとそれが床下までほどこされている

復元された安土城天守（安土城天守信長の館・近江八幡市蔵　内藤昌　復元©）

という、前代未聞の工法だという事実がわかりました。

　2002年10月には、安土城の虎口《ここう》が発見されました。虎口というのは、城への出入り口のことです。安土城の大手門と推定される場所の東側40メートルの場所に、幅約5メートルの虎口が発掘されたわけです。すでに西側にも同様の虎口が見つかっているので、安土城には大手門と東西虎口の3カ所の入り口が存在したことが判明しました。

　また、東虎口の南側は、これまで沼地だったと思われていましたが、その場所が広場だったこともわかってきました。

　いま述べたように、2009年、長期間に及んだ発掘調査も無事終わり、さまざまなことが明らかになりました。しかし発掘されたのは史跡全体の20パーセントにすぎず、全貌が解明されたわけではありません。今後もさらなる発見があることでしょう。

２０１９年には、滋賀県の三日月大造知事が、安土城の復元を目指し調査に乗り出すと発言しました。ますます安土城の将来が楽しみですね。

## 豊臣秀吉の腹心・蜂須賀小六《はちすかころく》は、本当に盗賊だったのか？

誰もがよく知っている話なのに、歴史の教科書には載らないというものは少なくありません。豊臣秀吉と蜂須賀小六の『矢作《やはぎ》の出会い』もそのひとつでしょう。

深夜、配下を引き連れた盗賊・蜂須賀小六は、三河国矢作の橋を渡る途中で、妙なものを踏みつけたのに気づきます。それは、橋上に寝ていた子供でした。そこで、かまわず過ぎ去ろうとすると、跳ね起きた子供は、

「無礼者！　いくら小さいからとて同じ人間ぞ。なぜ一言の挨拶もなく、立ち去るのか！」

と小六にくってかかったのです。

「何をいう、手足に傷がつかなかっただけでもありがたく思え」

そう小六の手下どもは馬鹿にして笑いますが、子供は非難をやめません。野盗団相手に普通の子供なら縮みあがってしまうところです。

小六はその豪胆さに感じ入り、非礼をわびて彼を仲間に加えたのでした。その子供こそ、のちの豊臣秀吉だったのです。

この『矢作の出会い』は、秀吉の少年時代をいろどる名場面ですが、初めてこの出会いが語られるのは意外に新しく、1797年に成立した『絵本太閤記《たいこうき》』からです。

その後、多くの太閤本にこの話が受けつがれ、いつしか事実のごとく定着してしまったのですが、『絵本太閤記』以前の書には登場しないことから、すべては同書の創作だったと思われます。

そんなこともあり、教科書のみならず副読本などにも、このお話は掲載されず、学校で勉強することはありません。

## 蜂須賀小六伝説で迷惑をこうむった、その子孫たち

ところで、このエピソードのおかげで多大な迷惑をこうむった人びとがいました。それは、小六の子孫で、阿波・淡路25万7千石の太守となった蜂須賀氏です。

たとえば明治時代に入ってからのこと。蜂須賀家の当主で侯爵の茂韶《もちあき》が、宮中晩餐会に招かれたことがありました。慣例として招待客は、自分の使用した小食器を記念に持ち帰るのを黙認されていたといいます。そこで茂韶も、菊紋入りの銀食器をそっと懐に忍ばせたのですが、これをたまたま目にした明治天皇は、「茂韶、先祖の血筋は争えぬようだな」と戯れたと伝えられます。

真偽は別として、同じような話がもうひとつあります。

この茂韶が土佐藩主・山内容堂《ようどう》邸を訪れた際、部屋にあった銀の瓶子《へいし》がひどく気に入り、容堂に譲ってほしいと頼むが断られたため、隙を見て盗もうとしたら、運悪く容堂に見つかってしまい、「なんじは、先祖の遺風を真似するのか」とたしなめられたといいます。

このように、明治期には蜂須賀小六野盗説は史実として広く一般に流布していたわけで、蜂須賀家ではなんとしてもこの汚名を払拭したかったようです。

昭和初期、こんな噂が流れました。

歴史の大家・渡辺世祐博士が、その著書『蜂須賀小六正勝』のなかで、矢作の出会いを史実ではないと明確に否定したのですが、実はこの書、「蜂須賀家が懇請して博士に執筆してもらったのでは」とささやかれたのです。

ともあれ、小六が盗賊でないならば、いったい彼は何者であったのか――。

ちなみに蜂須賀家では先祖を、清和源氏足利氏の支流だったと主張しています。足利義《よし》兼《かね》を祖とし、斯《し》波《ば》氏を称した高経《たかつね》へと続く流れをくみ、その7世の孫・正昭の代になって尾張国海東郡蜂須賀庄に土着したと『蜂須賀家記』に書いてあるのです。

正昭という人物は、小六正勝の祖父にあたり、次代の父・正利から蜂須賀庄を継いだ小六正勝は、初め犬山城主・織田信清、次いで岩倉城主・織田信賢《のぶかた》、さらに美濃の斎藤道三《どうさん》に仕え、道三亡きあと、信長に臣従したと記されています。

しかしながら、先祖を源平藤橘《とうきつ》四氏のいずれかに求める系図パターンは、出自定かでない大名によく見られるもので、偽系図とはいわないまでも、その信憑《しんぴょう》性ははなはだ薄いといってよいでしょう。

## 蜂須賀家が主張する清和源氏の支流説の真偽は？

普通に考えるなら、蜂須賀氏は尾張国蜂須賀庄を支配する土豪で、小六正勝は信長・秀吉の美濃攻略に協力したのがきっかけで、漸次取り立てられたとするのが妥当だと思われます。近年発見された前野家文書（『武功夜話』）にも、それを裏づけるような記述があります。なお、偽書説もある前野家文書ですが、これまで不詳だった小六の前半生や母方についての記述も見られ、興味深い史料なので簡単に触れてみたいと思います。

同書によれば、小六の父親・蔵人（正利）は海東郡蜂須賀村の名主で、斯波氏の被官をしていたが、織田信秀（信長の父）の圧迫を受けて所領を失い、宮後村の安井屋敷（蔵人の妻の実家）へ身を寄せたといい、小六もここに寄食していたと伝えられます。

やがて小六は、持ち前の俠気によって木曾川沿いに住む非農業民（水運業者、職人、商人）の棟梁に担がれていきます。その集団は蜂須賀党と呼ばれ、普段は家業に従事しているものの、いざ戦争が起こると金をもらって傭兵軍となり、諜報活動や鉄砲隊として強大な力を発揮したといいます。

桶狭間《おけはざま》の戦いの直前には、小六は信長のために三河国牛久保《うしくぼ》へ赴き、密偵活動をしたとあります。牛久保は矢作よりも奥地ですから、もしそれが事実ならば、三河を放浪していた秀吉と知り合う機会は十分にあったわけです。

ただ、同書では、秀吉と小六は、互いがたむろしていた生駒《いこま》屋敷で対面したことになっています。

蜂須賀党は、戦場が自分の拠点に近ければ、残党狩りと称し、徒党を組んで略奪行為もおこなったようで、彼らが後年、野盗団として描かれても仕方ない面もあったのです。

最後に、安井氏（小六の母方）について言及すれば、同氏は美濃国守護土岐《とき》氏の重臣で、応永年間に土岐氏が尾張国へ進攻した際、安井小次郎がこの宮後村の支配を任され、子孫がそのまま定住したのだといいます。しかも、祖先は甲斐武田氏の流れをくむ者で、土岐氏に仕えたのは承久《じょうきゅう》の乱以後だとしているのです。もし本当ならば、確かに小六には清和源氏（甲斐武田氏は清和源氏）の血が流れていたことになり、蜂須賀家が主張する清和源氏説がまんざらウソではなくなるから不思議ですね。

## 大徳寺山門の千利休像は、利休切腹後どうなった？

千利休が秀吉に切腹を命じられたのは、1591年のことです。あまりに突然でしたので、その処罰の理由が何であるのか、いまもって確かなことは判明していないようです。ただ、秀吉の寵臣・石田三成《みつなり》らとの権力闘争に敗れた結果だという説が昔から有力です。

千利休は、堺の納屋衆《なや》（豪商）千与兵衛《よひょうえ》の子として生まれ、武野紹鷗《じょうおう》に侘《わ》び茶を学び、長じて茶頭《さどう》として織田信長に用いられ、豊臣秀吉によって大抜擢され、『天下一の茶匠《ちゃしょう》』と呼ばれるようになった人です。

弟子に大名や豪商を多く持ち、秀吉の茶会を多数プロデュースし、1587年の北野の大茶会では、秀吉についで第二席を担当しています。

茶の湯での利休の権威は絶大なもので、茶器についても利休がよい評価を下した品は、目の飛び出るような高値で取り引きされました。

もちろん利休の権勢は、秀吉の彼への信任が背後にあります。秀吉は、利休の侘び茶の思想に傾倒し、これを深く畏敬しました。なおかつ、その政治力をも高く評価し、常に手元において諸政策に深く関与させました。だからこそ諸大名も、利休に一目おき、敬ったのです。

しかし日本史の教科書では、

「秀吉に仕えた堺の豪商千利休は質素・閑寂《かんじゃく》の侘び茶の茶風を追求し茶道を確立した」（『詳解　日本史B』三省堂　2009年）

「堺の町衆である千利休は、簡素をたっとぶ侘茶を大成した」（『新選日本史B』東京書籍　2017年）

といったように、千利休の評価はあくまで「侘び茶の大成者」ということで、秀吉のブレーンとして活躍したことなど一言も触れていません。

いずれにしても、石田三成が秀吉の側近として台頭し、利休をしのぐ勢いを持ちはじめると、両者はしだいに激しく対立するようになりました。

1591年正月、利休の後援者であり、豊臣政権のナンバー2だった豊臣秀長《ひでなが》（秀吉の弟）が病死しました。

これによって政治バランスは大きく崩れ、利休の失脚が誘発されたといわれています。三成の策謀によって、秀吉は急速に利休を疎《うと》むようになりました。

いっぽう利休も、秀吉に対して抗《あらが》うごとき所作を随所にみせるようになっていきます。利休が反発したのは、秀吉が侘び茶の精神を理解できず、黄金の茶室をつくるなど、愚劣な行動をしたからだといいます。

こうして同年2月13日、秀吉は利休に「故郷堺《さかい》へ戻って謹慎せよ」と命じました。仕方なく利休はその命令に従ったものの、いっさいの赦免運動をせず、毅然とした態度を崩しませんでした。

辞世《じせい》の句も書いているので、もはや死は覚悟のうえだったようです。

こうしたかたくなな態度に腹を立てた秀吉は、利休を京都へ連行し、そこで切腹を命じたのです。最初は磔《はりつけ》にするつもりだったといいますが、周囲の取りなしで、名誉ある切腹が許されたのでした。

2月26日、利休は割腹して70歳の生涯を閉じました。

利休の首級は、一条戻り橋のたもとで獄門《ごくもん》となりましたが、その傍《かたわ》らに罪状が記されました。それによれば、「茶器の売買において、暴利をむさぼった。大徳寺山門の楼閣に、自分の木像を安置した」というのが、利休の罪だったようです。

## 秀吉の逆鱗に触れた利休像は、現在も保存されていた！

利休は1589年、巨財を投じて壮麗な山門をつくり、大徳寺にこれを寄付しました。それに感謝した寺側が、利休の弟子たちと相談しあって、その奇特な行為を顕彰すべく、利休の木像をつくり、それを山門の楼上に安置したのです。

木像は雪駄《せった》を履いた雪見姿でした。

秀吉はこれを知ると、「俺や勅使が山門を通過したとき、利休に踏みつけられることになるではないか」と大いに不機嫌になったと伝えられます。けれど、その噂を耳にした利休は、自ら秀吉のもとにおもむいて謝罪し、納得してもらっています。そんな些細な過去の話を再び咎《とが》めだてているのは、やはり、それが本当の罪状でない証拠でしょう。

ちなみに利休切腹のおり、この木像も山門から降ろして市中を引き回し、その首を獄門にかけたといいます。秀吉もえげつないことをするもんですね。

では、その木像はその後どうなったかということですが、驚くことに、現存しているのです。

利休の死後、侘び茶の系統はいくつもに分かれますが、そのひとつに、仙叟千宗室を始祖とする裏千家があります。その裏千家が所蔵する今日庵《こんにちあん》（重要文化財）の屋内に、例の千利休像が安置されているんです。ただ、残念ながら今日庵は非公開でして、利休の木像は、宗家の家族以外、高弟であっても滅多に拝むことができないということです。

## 関ヶ原合戦に敗れた大名家の血脈はすべて絶たれたのか？

「天下分け目といわれる戦い（関ヶ原の戦い）に勝利した家康は、西軍大名を処分し、」

（『詳説日本史B』山川出版社　2018年）

と歴史教科書に記されているうえ、合戦が東軍（徳川方）の圧勝に終わったことを知っているので、みなさんの多くは、きっと敗れた西軍大名は処刑されたり領地を没収されたりして、その血脈は絶えてしまったと思っているのではないでしょうか。

じっさい、西軍方に味方した93の大名家（合計506万石）が取りつぶされています。

また、肥前国宇土《うと》の小西行長《ゆきなが》などは、本人だけでなく一人息子も処刑され、対馬の宗氏に嫁いだ娘マリアも婚家を追われ、数年後に長崎の地で寂しく没し、その血統は絶えています。

でも、すべてがそうした命運をたどったのかといえば、それは大きな誤りなんです。

意外なところで、西軍大名の血筋が脈々と受け継がれているケースが少なくないのです。そうした関ヶ原大戦で敗れた武将の、女系を通じて継承されていった血統を中心に、興味深い末裔を紹介していきたいと思います。

## 石田三成の子孫ははるか津軽の国で生き延びていた

戦場関ヶ原での実質的な西軍リーダーは、いうまでもなく、佐和山城主・石田三成です。しかし、敗れたあと三成はまもなく捕縛され、京都の六条河原で首を刎《は》ねられてしまいます。

ただ、三成の嫡男・重家《しげいえ》は、剃髪して仏門に入ることで家康から助命され、名を宗亨《そうきょう》と改め、京都妙心寺の寿聖院の住持となっているのです。しかしながら、僧侶の身なので妻帯は許されず、子孫を残せぬまま、1686年に没しました。それにしても、関ヶ原から70年近くも生きたなんて、ずいぶん長生きでビックリします。

けれども、これで三成の血脈が途絶えたわけではなかったのです。意外にも、都から遠く離れた東北は津軽の地で、その血は綿々と相承されているんです。しかもなんと、それを引き継いだ家柄というのは、藩主・津軽氏の嫡流なのです。

実は津軽藩では、関ヶ原合戦後、三成の遺児を密かに領内にかくまっています。藩祖・津軽為信《ためのぶ》が、三成に多大な恩義があったからだといわれています。

1590年、津軽為信は豊臣秀吉に征伐されそうになっています。最終的に領地は安堵《あんど》されましたが、それは、秀吉の寵臣・石田三成の尽力によるものでした。そのうえ、三成は為信の嫡男・信建《のぶたけ》の烏帽子親《えぼしおや》も引き受けてくれました。そういった両者の親しい関係が、為信をしてこのような行為に走らせたのでしょうね。

為信は、関ヶ原で西軍が敗北すると、三成の次男・重成《しげなり》とその妹（姉とする説あり）辰《たつ》姫《ひめ》（曽野とも）を大坂城から密かに連れ出します。そして辰姫については、関ヶ原合戦の褒賞として徳川家より賜った上野国勢多《せた》郡大館《おおだて》（現・群馬県新田郡尾島町）で、内々に養育したのです。

やがて辰姫が成人すると、為信は彼女を次男の側室としました。この次男こそが、二代藩主となる信枚《のぶひら》でした。

1619年、辰姫はその信枚の子・信義を産みます。信枚の正室・満天姫《まてひめ》（家康の養女）には男児がいなかったので、信枚の歿《ぼっ》した1631年、信義が三代藩主に就任しました。

すなわち、三成の孫が津軽藩主になったというわけです。しかしながら、藩主に就いた我が子の晴れ姿を、辰姫は拝むことができませんでした。信義が5歳になったばかりのとき、彼女は32歳の若さで病没してしまっていたからです。

いっぽう三成の次男・重成は、名を杉山源吾とあらため、深味《ふかみ》郷（北津軽郡板柳町）に10年近く潜んだあと、先述の大館に移されています。その後彼がどのような生涯を送ったかは判然としませんが、どうやら１６４１年に没したらしいです。ただ、嫡男の吉成《よしなり》は、津軽藩に召し出されて１３００石を賜り、当人のみならず子々孫々にいたるまで重役として藩政にたずさわっています。このように、石田三成の血統は、絶えることなく北辺の津軽で相承されてきたのです。

## 三成の名参謀・島左近《しまさこん》の血は、あの柳生《やぎゅう》一族に受け継がれていた

「三成に過ぎたるものが二つあり
　島の左近と佐和山の城」

この俗謡をご存知ですか。

石田三成の家臣・島左近清興が、その城である佐和山城とともに、三成には過分な持ち物であることを揶揄《やゆ》した歌です。

もともと島左近は筒井氏に仕えていましたが、当主・定次の無能さに愛想を尽かし、主家を去って浪人になっていました。近江国水口《みなくち》城主に栄達した三成は、左近の人となりを知っていたく気に入り、大禄《たいろく》を提示して自家に迎え入れました。大禄といっても半端な数字ではありません。なんと持高4万石のうち、1万5000石を与えてしまったのです。

ただ、損はしませんでした。島左近は非常に知謀にすぐれ、三成の右腕となって、その出世に大きく寄与したからです。関ヶ原合戦でも、左近は奮迅の活躍をしました。

左近と鉾を合わせた黒田長政などは、戦後の論功行賞が終わったあとでも「鬼神をも欺《あざむ》くと言ける島左近が有り様、今も猶《なお》目の前にあるが如し」といい、「今思出れば、身の毛の立て汗の出るなり。……（略）……若《も》し其時横合《よこあい》より（援軍が来て）鳥銃《ちょうじゅう》にて打すくめずば、我等が首は左近が槍に指貫《さしつらぬか》れなん」（『名将言行録』）と回想したといいます。

しかし合戦当日は、西軍大名の多くが傍観を決めこんだため、石田隊は多勢に無勢となり、やがて左近も深手を負い、最後は進軍する東軍勢の波に飲まれて姿を消しました。

その後、厳しい探索にもかかわらず、その遺体はついに発見することができませんでした。そんなことから、「島左近は生きている」という噂が流れます。

もちろん、それは流言にすぎず、やはり混戦のなかで討ち死にしたと考えるのが妥当でしょうね。

ちなみに、そんな猛将・島左近の血筋も、思いがけぬところで生き残っているんです。驚くことにそれは、かの新陰流《しんかげ》を広めた柳生一族のなかなのです。

あまり知られていませんが、柳生新陰流の正統を継いだのは、将軍家兵法師範となった柳生宗矩《むねのり》ではありません。その甥の兵庫助利厳《としとし》なんです。

柳生新陰流を創始した石舟斎宗厳《せきしゅうさいむねよし》は、兵庫助に天与の剣才があり、さらに己の風貌によく似ていたため、彼にすべての印可《いんか》を授けたといいます。兵庫助は、のちに徳川御三家の尾張家の剣術師範に登用されますが、そんな彼の妻が島左近の娘だったのです。

いったいどんな経緯で左近の娘が柳生家に嫁いだのかはいっさい不明です。しかしながら、兵庫助には利方と厳包《としかね》という2子があり、ふたりとも幼少期に島姓を名乗っていることから、左近の娘から生まれた子だと考えていいでしょう。

このうち弟の厳包は、二代尾張藩主・光友の御前で、30人の剣士を次々破るといった剣技を披露し、これに感嘆した光友は、兄の利方とは別に６００石を賜り、剣術指南役に抜擢しました。

厳包は連也斎を名乗り、藩士に剣の指導をおこなうとともに、藩主・光友に新陰流を伝授し、１６４９年に印可を授けました。厳包は「尾張の麒麟児」と畏怖されましたが、生涯独身で子をつくらなかったため、藩の剣術指南役は兄・利方の子・厳延《としのぶ》の系統が相承しています。いずれにしても、名参謀・島左近の遺伝子は、著名な剣術の家・尾張柳生家に残っていたのです。

## 敦賀城主・大谷吉継の血は真田幸村の家系に受け継がれた

次に紹介するのは、大谷刑部少輔吉継《ぎょうぶしょうゆうよしつぐ》（吉隆）です。敦賀城主だった吉継は、石田三成から家康征討の決意を聞かされたとき、その不可を整然と説き、強く計画に反対しました。しかし、それでも三成が決心を変えぬとわかるや、あえて負けるのを承知で、三成に加担したのです。

吉継は宿痾《しゅくあ》に冒されており、その病は一目見てわかるため、仲間の武将から密かに敬遠されていました。そんな吉継に、三成は分け隔てなく接したといいます。

そのために吉継は「この男のためなら死んでもよい」と思うようになっていました。

関ヶ原合戦では死を覚悟して臨んだから、吉継はすさまじい強さを見せ、一時は東軍の藤堂高虎隊や京極高知《たかとも》隊を苦境に陥れます。けれど、味方の小早川秀秋隊が裏切って殺到してきたため、支えきれずについに自刃して果てました。

このとき、吉継とともに合戦に参加した嫡男・義治と次男の木下頼継は、戦線を離脱しています。頼継のほうはその年のうちに病死しましたが、義治はその後各地を流浪し、大坂の役が起こるや、関ヶ原の恨みを晴らすべく豊臣方に参加、天王寺口の戦いで見事な討ち死を遂げました。

このおり、義治とともに奮戦して家康の旗本を瓦解させ、取り残された家康を窮地に追いこんで散ったのが、かの有名な真田幸村（信繁）です。実はこの幸村、大谷吉継の娘・竹林院を妻としており、大谷義治とは義兄弟にあたります。

翌日、大坂城は炎上、豊臣秀頼は自害し、豊臣家は滅亡しました。

このとき幸村の嫡男・大助も、秀頼に殉じて自刃しています。わずか14歳だったといいます。

「父と生死を共にしなさい」と諭した母・竹林院のいいつけを健気に守ったのです。そう、大助は大谷吉継の孫なのです。その死に様は、大助が祖父の侠気を引き継いだことを明確に物語っているといえるでしょう。また、子に死せよと迫る竹林院も、なんとも剛胆であり、そこに吉継の資質を濃厚に見いだすことができますね。ちなみに竹林院は、紀伊国伊《い》都《と》郡で捕縛されましたが、連座による処罰は免れ、京都に隠棲して1652年に死去したとされます。

だが、これで大谷吉継と真田幸村の血筋が絶えたわけではありません。これまた意外なところで、その遺伝子は続いていたのです。

仙台を領する伊達政宗の重臣に片倉重長という人がいます。重長は大坂落城のおり、幸村の娘（吉継の孫）阿梅《おうめ》を拉致《らち》して連れ去り、のちに己の後妻としたのです。

重長は、政宗の参謀として重用された小十郎景綱《かげつな》の嫡男で、夏の陣では伊達隊の先鋒として大坂方の猛将・後藤又兵衛を討ち取り、「鬼の小十郎」と謳《うた》われました。幸村もこのとき重長率いる伊達先鋒隊と鉾を合わせており、もしかしたら、重長の人柄を見込んで、わざと娘を捕らえさせたのかもしれません。

残念ながら重長と阿梅のあいだに実子はできませんでしたが、それでも仙台藩には確実に大谷氏と真田氏の血統が伝わりました。というのは、のちに阿梅が、妹の阿菖蒲《おしょうふ》と弟の大八を呼び寄せたからです。

阿菖蒲は伊達藩士・田村定広と結婚し、1635年に死去しましたが、田村氏は片倉と改姓し、阿菖蒲の子孫は今に続いているそうです。

大八のほうは男児（幸村の次男）であったため、仙台藩では幕府の目をおそれ、幼少のみぎりに京都で死去したことにし、成人してのち片倉守信と名乗らせ、藩士に取り立てました。守信より数えること8代目の幸歓《ゆきよし》のとき、同家は姓を真田に復しました。もはや幕府のお咎《とが》めはないと判断したのでしょう。この系譜もそのまま明治維新を迎え、現代に至っています。

## 八丈島に流された宇喜多秀家《うきたひでいえ》は多くの子孫を残し、84歳まで生きた

さて、先述したように、関ヶ原合戦後に「島左近は生きている」という流言が出回りましたが、そうしたことは珍しくなく、六条河原で処刑された石田三成でさえ、同様のデマが流れています。けれど、左近と同じく戦後行方不明になった宇喜多秀家の場合は、その噂は本当だったんです。

戦国ファンにとって、宇喜多秀家は人気のある武将ですが、一般的にはそれほど有名でないので、少し彼について説明しましょう。

宇喜多秀家は豊臣秀吉に寵愛され、備前岡山に大封（57万4000石）を賜り、五大老に任じられた若者でした。ただ、関ヶ原では西軍に味方してしまいます。けれど、戦後は運よく薩摩へ落ちのび、島津義弘の保護を受けることに成功したんです。

しかし、戦争が終わってかなり時間がすぎても、「秀家が生存している」という噂がやまず、困りはてた島津氏は、1603年、加賀の前田利長と相談のうえ、とうとう匿《かくま》っている事実を江戸幕府に告げ、宇喜多秀家の助命を願い出たのです。

前田氏が協力したのは、秀家の妻・豪姫《ごうひめ》が前田利家（利長の父）の娘だったからです。

結果、秀家は死一等を減じられ八丈島に配流と決まりました。

島流しには秀家の男児ふたりは同行しましたが、豪姫を伴うことは許されませんでした。

豪姫は1634年、61歳の生涯を閉じますが、彼女の遺言により、八丈島の秀家のもとには、前田家から隔年で金銭や米など、生活必需品が届けられることになりました。

いっぽう秀家は、八丈島で代官の娘と結婚し、多くの子孫を残し、84歳で天寿を全うしました。1655年のことだといいますから、なんと徳川の治世は、四代将軍家綱の時代になっていました。数奇な運命をたどった人ですね。

ちなみに、前田家の仕送りは秀家の死後も継続され、驚くべきことに、明治維新まで続いたんです。

宇喜多家が正式に赦免されるのは1869（明治2）年のこと。一族は繁栄して多家に分化しており、本家以外は浮田《うきた》と名乗るようになっていました。このうち7家70人以上が、翌年に東京へ出てきます。このおり前田家では、彼らのために屋敷を整え、1000両を与えて生活の面倒を見たと伝えられます。なんとも律儀なものです。

明治政府も彼らの生計が立つよう、1873年、東京板橋におよそ2万坪の土地を下賜しています。

以上述べてきたように、関ヶ原合戦で敗れた西軍大名たちの血筋は、敗戦の苦難を乗り越えた女性たちによって、密かに、そして脈々と受け継がれてきたのです。

# 関ヶ原合戦に敗れて寺子屋の師匠となった戦国大名がいた！

２００６年のＮＨＫ大河ドラマは、山内一豊《やまうちかずとよ》の妻が主人公でした。覚えていますか？夫の一豊は、妻のヘソクリで買った名馬が織田信長の目にとまり、出世街道を走りはじめます。そして、石田三成らが挙兵したさい、自分の城・掛川を無条件で提供しますと徳川家康に申し出たことで、戦後、土佐一国を与えられるという栄誉を得ました。

もちろん歴史教科書には載っていませんが、けっこう有名な話なので、ご存知の方も多いことでしょう。でも、土佐に入国して早々、一豊が大規模な一揆（浦戸一揆）に苦しめられたのを知っている人は少ないと思います。

これは、土佐を領していた長宗我部《ちょうそかべ》氏の旧臣による新領主への抵抗でした。

このとき一豊は、計略によって一揆を鎮圧し、長宗我部旧臣73人を殺害するという断固たる処置をとりました。それでも3年後、またも旧臣による一揆（滝山一揆）が起こってしまいます。やがて一豊は、仕方なく彼らを郷士として家臣団に組み入れますが、掛川から伴ってきた家臣（上士）とのあいだはずっと険悪で、これが土佐藩の火だねになり、たびたび両者のあいだで騒動が起こることになります。

## 土佐の領主・長宗我部盛親《もりちか》が選んだ驚くべき転職の道

ところで、長宗我部氏が領国を失うことになったのは、当主の盛親が関ヶ原合戦で西軍に加担したためでした。初め盛親は家康側につこうとして、使者を家康のもとに派遣したのですが、途中、長束正家《なつかまさいえ》（西軍方）の領する近江国水口《みなくち》の関所で遮られ、その使者は土佐に引き返してしまい、結局、西軍に与《くみ》することを余儀なくされたのでした。

ただ、関ヶ原合戦の当日は南宮山《なんぐうさん》に陣したものの、いっさい東軍とは戦わず、西軍の敗戦が決定的になると敗走しました。盛親はその後、伊賀国から大和国を経て和泉国へ入り、大坂から命からがら土佐へ帰着しています。

戦後、盛親は徳川軍の来襲にそなえ、居城・浦戸への籠城態勢を整えるとともに、徳川の重臣・井伊直政を通じて家康に謝罪し、赦《ゆる》しを請いました。

これに対して家康は、「赦してほしくば、直接自分のところへ来い」と厳命しました。

そこで盛親は家康がいる大坂へ向かうことを決意し、出発に際して津野親忠《ちかただ》を殺害しました。

親忠は盛親の実兄でしたが、盛親との家督争いに敗れ、1599年から幽閉されていたんです。その親忠が関ヶ原合戦後、「家康の信頼があつい藤堂高虎《たかとら》を介して家康に働きかけ、土佐半国を手に入れようとしている」という噂が立ちました。それを真に受け、盛親は親忠を処刑したのです。

けれど、この事実はすぐに家康の耳に入り、激怒した家康は来訪した盛親を誅殺しようとしました。このとき、井伊直政が必死にとりなしたため、どうにか死だけは免れました。

しかしながら、領国はすべて没収され、国持大名から一介の浪人に転落してしまったのです。

ビックリするのは、その後の盛親の人生です。

彼は剃髪《ていはつ》して名を大岩幽夢《たいがんゆうむ》とあらため、京都上立売《かみだちうり》の柳ヶ厨子に居をかまえ、寺子屋の師匠となって第二の人生を歩みはじめたんです。一国を領する戦国大名からなんと一教師になってしまったわけです。すさまじい転職ですね。

なお、盛親の行動は、京都所司代《しょしだい》（幕府の組織）の板倉勝重の厳しい監視下に置かれました。

### 再び挙兵の志もかなわず、命を絶たれた長宗我部一族の無惨な末路

それから十数年後の1614年、政情が大きく動きます。

徳川氏と豊臣氏の武力激突が決定的になったのです。

このおり盛親は、土佐一国の付与を条件に、豊臣方から誘いを受けました。長い浪人生活のなかでも、盛親の旧領回復の願いは潰《つい》えていなかったようで、盛親はこの招きに応じることにしました。また、このころになると、山内氏から虐《しいた》げられた長宗我部の旧臣が、旧主を慕って続々と京都に集まりはじめていたんです。

こうした状態を危惧した板倉勝重は、わざわざ盛親のもとを訪れ、豊臣氏に加担することの非をとなえ、「あなたのために旧領回復に力を貸そう」と約束したのです。

すると盛親は、「私は旧知の浅野長晟《ながあきら》の隊に属し、豊臣方と戦って武功をあげ、自らの力で微禄《びろく》を賜ろうと考えている」と偽り、誓紙《せいし》（誓約書）を差し出して勝重を信用させ、京都を脱出したのです。

近所の人びとは、盛親を単なる手習いの師匠だと思っていたので、出立時の見事な甲《かっ》冑《ちゅう》姿を目にして大いに驚いたといいます。

このおり、盛親のもとには続々と旧臣が駆けつけ、今出川あたりで200人を超え、伏見ではついに1000人となり、そのまま大兵を引き連れ大坂城へ入ったのです。その後も長宗我部隊は膨張しつづけ、浪人衆もあわせ、盛親は5000人を率いる大将となりました。

盛親がとくに活躍したのは、大坂夏の陣のときです。

翌年5月5日、長宗我部隊は大坂城外へ出て、八尾《やお》（大坂城の東南8キロあたり）付近に布陣し、敵の来襲を待ちました。夜が明けると、徳川軍の先鋒が濃霧をついて襲いかかってきました。攻めこんできたのは、藤堂高虎の隊でした。高虎といえば、盛親が領国を失う遠因をつくった男です。だから、相手が藤堂隊だと知ったとき、盛親以下長宗我部の旧臣は奮い立ちました。

憎悪の念が勝ったのでしょう、長宗我部隊は藤堂隊を圧倒し、高虎の重臣や一族が次々討ち死にしていきました。おそらく、そのまま戦いが続いていれば、藤堂隊は確実に壊滅したはずです。

ところが、若江（八尾に隣接した地域）方面の木村重成隊が瓦解してしまい、盛親は敵を圧倒していながら、撤収を余儀なくされてしまいます。ちなみに長宗我部隊に圧倒された高虎は、家中のあまりの損耗に、家康に対して「翌日の先鋒を免除してほしい」と、武士としては恥ずべき願いをしなくてはならぬ痛手を被りました。

翌日、大坂城は、徳川軍の総攻撃を受けて落ちました。

落城にさいして盛親は、豊臣秀頼と運命をともにせず、密かに城外へ脱し京街道を北へ走ります。しかし、不運なことに山城の八幡付近の薮《やぶ》に潜んでいるところを蜂須賀氏の家臣に捕縛されてしまったのです。

捕虜となった盛親は縄をかけられ、二代将軍・徳川秀忠のもとに引きすえられました。秀忠は家臣を介して、「なぜ数千の大将であるにもかかわらず、討死や自害の道を選ばなかったのか」と質問したそうです。

これに対して盛親は、「盛親も一方の大将たる身に候へば、葉武者《はむしゃ》と同じくかろがろしく討死すべきに候はず」（『常山紀談』）と述べました。その態度には、再び挙兵して恥を雪《そそ》ごうとする決意が言外にあらわれていました。

ですが、その末路はたいへん悲惨でした。盛親には5人の男児がありましたが、その全員が父親に連座して命を絶たれたのです。盛親自身も京都の二条城へと護送され、京の大路を見せしめとして引き回されたあと、六条河原で板倉勝重によって首を落とされました。

こうして、長宗我部氏の正統は完全に断絶したのです。

いずれにしても、数奇な運命をたどった戦国武将です。

## 大坂の役の原因をつくった方広寺《ほうこうじ》の梵鐘《ぼんしょう》は、なんと現存している！

2000年8月、京都市東山区で大仏の台座の一部が出土しました。

京都に大仏？

きっとみなさんは首をひねるかもしれません。でも、戦国時代、京都にも大仏があったんです。しかも、奈良の東大寺のそれより大きかったといわれています。

大仏をつくらせたのは、時の権力者・豊臣秀吉です。

秀吉は、京都の方広寺に、約19メートルの木造仏とそれを安置する大仏殿を建造させました。それらは１５８６年に完成しましたが、惜しくも１５９６年の大地震で倒壊してしまいました。

このおり秀吉は、「地震で壊れるような大仏なら、御利益がないからそのままうち捨てておけ！」と大いに腹を立て、生前は寺院も大仏も放っておいたといいます。

今回出土した大仏の台座は、このときのものだと思われます。

それを秀吉の死後、息子の秀頼が再建するのですが、不運にも１６０２年、火災にあって寺は灰燼《かいじん》に帰してしまいます。

こうして廃《すた》れてしまった方広寺でしたが、「秀吉公の17回忌の供養に再建したらよかろう」と強く豊臣家にすすめたのが、徳川家康でした。家康の真のねらいは、豊臣家の財力を寺の再建によって削《そ》ぐことにあったといわれています。

しかし秀頼は、家康のこの進言を受け入れ、莫大な金銀を投じて方広寺の再々建にとりかかることにきめました。なかでもすごかったのは、大仏造立でした。秀吉がつくったのと同じ規模の像を、今度は木像ではなく、金銅像にかえて鋳造したんです。

ちなみに1998年8月には、このとき使用したと思われる鋳型の破片数十点が、方広寺の石垣脇から出土しています。

## 家康が挑発に使った方広寺の梵鐘《ぼんしょう》に刻まれた文字とは?

こうして方広寺は、1614年に見事に再建され、同年8月、大仏殿の堂供養と大仏の開眼供養が挙行されることになりました。ところが直前の7月末になって、突然、幕府から供養の中止命令が出されたのです。

「方広寺の梵鐘の銘《めい》に、穏やかならざる呪いの言葉が刻まれている」

というのが、その理由でした。

「国家安康《あんこう》」、「君臣豊楽《ほうらく》」の文字が、それです。

「家康の文字をふたつに引き裂いて、再び豊臣氏を君主とあおごう」とする呪詛《じゅそ》の文言だろうと、幕府は豊臣家に詰問してきたのでした。

このエピソードについては、多くの歴史書などに記載されていますので、きっとみなさんも聞いたことがあるのではないでしょうか。

「国家安康」「君臣豊楽」と刻まれた梵鐘は今も方広寺に現存する

ともあれ、幕府の目的は、豊臣家を挑発して戦争に持ちこみ、同家を滅ぼしてしまうことにありました。

それにしても、ヤクザの因縁より、愚劣で露骨ないいがかりだと思いませんか？

そこまでして幕府が強引に戦争の惹起をはかったのは、徳川家康の強い意志が働いていたからです。

数年前、久しぶりに豊臣秀頼に再会した家康は、その聡明な若武者ぶりを目の当たりにして、「自分が死んだあと、この若者に政権を奪われてしまうのではないか」という危惧の念にとらわれ、「なんとしても己の存命中に秀頼を亡き者にしてしまおう」と焦っていたのだといわれます。

いずれにせよ、豊臣家がいくら謝罪しても

幕府は許さず、ついにこの鐘銘《しょうめい》事件を口実に幕府軍は大坂城を囲み攻撃しました（大坂冬の陣）。その後、いったん講和したものの、再度攻め寄せて城を落とし、秀頼を切腹に追いこんだのです（大坂夏の陣）。こうして豊臣家は、地上から消え失せたのでした。

## 度重なる被災のなかで生き残り、現存している梵鐘

のちに江戸幕府は、豊臣家の象徴であった大坂城を、上から土をかぶせて埋めたて、その上に徳川家の手による巨大な城をのせました。

また、京都の豊国《とよくに》神社に、大明神として祀られていた秀吉から神号を剝奪したうえ、豊国神社の社領を没収し、さらに社殿を修理することをいっさい禁じて、滅ぼしてしまいます。

にもかかわらず、豊国神社に隣接する方広寺については、建物も大仏も、そして問題となった梵鐘もそのままとし、何の破壊もしなかったのです。その理由は、正直いってよくわかりません。

ただ、1662年、方広寺は地震でまたも倒壊してしまいます。このとき大きな被害をうけた金銅大仏は、寛永通宝（銭貨）に鋳つぶされたといいます。けれども、方広寺は再び再建され、大仏も金銅造から木造にかわったものの、幕府によって造立されました。し

かしながら、その木像大仏も、落雷によって1798年に焼失、1843年に規模を縮小して再造されるも、1973年、またも火事で焼けてしまったのです。なんとも不運な宿命ですね。

ともあれ、こうした度重なる被災によって、当時の建築物や宝物はほとんど失われてしまいますが、驚くことに「国家安康」「君臣豊楽」と刻まれた巨大な梵鐘は、全く無傷のまま現存しており、いまも同寺の鐘楼《しょうろう》に吊り下げられているのです。

もし、みなさんも方広寺を訪ねる機会があれば、ぜひとも歴史を大きく動かした梵鐘に触れてみてください。

## 俵屋《たわらや》宗達《そうたつ》と尾形《おがた》光琳《こうりん》の代表作に画期的な発見！

寛永時代（江戸時代初期）の画家・俵屋宗達が描いた『風神雷神図屏風』――かつてテレビのCMにも使われ、絵が動いてユーモラスな風神と雷神が会話をかわす場面を覚えている方もいるのではないでしょうか。この『風神雷神図屏風』は構図が大胆で、色彩も華麗であることから、国宝に指定されています。

そんなことから、俵屋宗達の名は、必ず日本史の教科書に紹介されています。

しかしながらこの宗達、いまだにその正体がよくわかっていないのです。

まず、生没年がわかりません。どこに生まれたのかも、明瞭ではないようです。どうやら京都の出身らしいのですが、西陣の織元「俵屋」の一族だとか、俵屋という扇屋《おうぎや》だったとか、京都上層町衆出身で絵師だったとか、本当にさまざまな説があります。

本阿弥光悦《ほんあみこうえつ》とは姻戚関係にあり、光悦の妻と宗達の妻は姉妹だったという説もあります。

ちなみに宗達の代表作は、『源氏物語図屏風』、『保元平治扇面図《せんめんず》』、『芦鴨図衝立《あしかもずついたて》』、『蓮《れん》池水禽図《ちすいきんず》』、『舞楽図《ぶがくず》』、『西行《さいぎょう》物語行状絵詞《えことば》』など、数多く存在しているものの、はっきりと制作年代がわかっているのは、『西行物語行状絵詞』たったひとつでした。これは、1630年に高田藩の国家老・本多富正の依頼でつくられたものだそうです。

このように、謎の多い俵屋宗達という人物ですが、そんな彼の作品に関して、1999年、すごい発見があったんです。

## 火事で焼失したと思われていた、宗達の『楊梅図《ようばいず》』が発見された！

宗達の代表作に『楊梅図』と称するものがあります。

1630年、当時の摂政・一条昭良《あきよし》が兄の後水尾《ごみずのお》天皇にあてた手紙のなかに、この『楊梅図』に関する記述が出てきます。それによれば、後水尾天皇は宗達に3双の屏風絵を注文し、そのうちこの『楊梅図』がすでに金箔を置いたところまで制作が進行していたと記されています。このように『楊梅図』は、制作年代がはっきりとわかる作品でした。

けれども惜しいことに、『楊梅図』は火事で焼失してしまいました。

すくなくとも1999年までは、そう考えられていたのです。

ところが同年、その『楊梅図』が京都で発見されたんです！

大和文華館の林進氏は、「見つかった『楊梅図』と思われる絵には、雲が高貴な紫色で表現され、なおかつ棺桶の材料に使用するコウヤマキが描かれていることから、この年に没した後水尾天皇の母・中和門院《ちゅうわもんいん》を追善するために作成されたのではないか」と推定しています。

『楊梅図』は、画面の左上から右下へと川が流れ、右上に並ぶ木々の上部の楊梅が数個赤い実をつけている絵で、縦が143センチ、横が338センチあります。

残念ながら、皇族からの注文品には落款を入れない決まりになっていますから、作者名を落款からは確かめることはできません。しかし、先述の手紙から、この絵の特徴が『楊梅図』と一致し、なかおつ、宗達の筆遣いにソックリなので、先の林進氏は『楊梅図』であると判断したのです。

いずれにしても、画期的な発見だといえるでしょう。

## 尾形光琳の『紅白梅図屏風』に、実は金銀の箔は使われていなかった?

ところで、そんな宗達に大きな影響を受け、元禄時代に活躍した絵師をご存知ですか。

そう、尾形光琳です。日本史の教科書にも、「尾形光琳は、俵屋宗達の画風をとりいれながら独自の構図と色彩をもった装飾画を大成し」(『新選日本史B』東京書籍 2017年)と記されています。実は、この光琳にも最近、たいへんな発見があったのです。

それは、彼の代表作『紅白梅図屏風』に関してです。

みなさんもよくご存知のように、『紅白梅図屏風』は金泥の屏風の真ん中に大きく川を描き、左手に白梅、右手に紅梅を描きこんだ見事な大作です。絵には、ふんだんに金箔と銀箔が用いられていますね。

2004年、東京文化財研究所とMOA美術館が共同で、この『紅白梅図屏風』を詳しく調査しました。すると、この絵には金箔や銀箔がほとんど用いられていないことがわかりました。

蛍光X線分析や高精細度デジタル画像分析など光学的な技法を用いて詳細に調べたのですが、川の部分に張られている銀箔だと思われている部分から、金属反応が検知されなか

「紅白梅図屏風」（MOA美術館蔵）に金銀箔は使われていなかった?

ったんです。

つまり、銀箔だと考えられていたのは、銀ではなかったということです。どうやら、巧みに染料を駆使して銀箔のようにみせかけていたらしいのです。

また、川の両岸にあたる金地の部分も、金箔が用いられていませんでした。たしかに絵には、「箔足《はくあし》」があるように見えます。「箔足」とは、隣り合う金箔どうしが重なりあい、濃い金色の格子《こうし》状になることをいいます。

ちなみに『紅白梅図屏風』の金地に見える格子状のものは、テープなどを貼って「箔足」を装い、黄色系の塗料をうまく用いて金箔のように見せかけているそうです。

どうして尾形光琳は、わざわざ金銀の箔を張ったように見せかけるなど、手のこんだことをしたのでしょうか。学者のなかには、絵師の遊び心や奇抜な技術を競う心が働いたのだという人もいますが、本当の理由はよくわかっていません。

ところがです。2010年になって中井泉東京理科大学教授らが再びX線解析等で調査をおこなったところ、なんと前回の結果とは反対に、金箔であることが判明したのです。

このように歴史というのは研究の進展によってどんどんと変わっていくものなんです。

## 徳川将軍のハーレム「大奥」の謎に迫る！

九代将軍・徳川家重は、あまり臣下に顔を見せることもなく、大奥に入り浸る生活を送っていたと伝えられます。よほど居心地がよかったのでしょう。

それはそのはずです。だって、そもそも大奥というのは、徳川将軍ひとりのためにつくられたハーレムだからです。

将軍やその正室・側室に仕える大奥の女性は、常時500人～1000人いたといわれています。大奥設置の最大の目的は、将軍家の血筋を絶やさないことにありましたから、将軍は欲すればこれらの女性をいつでも自由にできたといいます。まことに夢のような話ですね。

大奥は二代将軍秀忠によって設置された幕府の公的機関ですが、政治にも大きな影響力を与えましたし、テレビドラマにもなっていて、誰もが知っている名称です。しかし、現在15社から出されている日本史A・Bの教科書のうち、なんと、たった6冊しか、大奥という歴史用語は掲載されていないんです。

いったいそれは、なぜなのでしょうか。

ひとつは、専門の研究者が意外に少なく、組織に関する詳しい解明がなされていないことがあげられます。

ただ、やはり大きいのは、女性たちが大奥へ採用されるさい、内部の事情はいっさい漏らさないという誓約書を書かされたことにあると思います。ですから、大奥に関する確かな史料があまり残っていないんです。

そんなわけで、内部のようすは「伝承」という不確かなかたちで伝わることが多く、それが本当かどうか検証できないのです。

本書では、そんな世にも奇妙な大奥について、少しだけ紹介したいと思います。

## 将軍の夜伽《よとぎ》にもうひとりの女性がついていた理由は?

まず、将軍の夜の生活を少しだけ覗いてみましょう。

「あの女の名は何と申すのか」

これだけでいいのです。将軍は、今夜伽をさせたい女性の名前を、御年寄《おとしより》(大奥の取締役)に尋ねるだけで、その女性が自分の寝室にやってくるのです。

もちろん、毎日将軍が女性の名前を口にするわけではありません。何もいわない場合は、御年寄に決定権が与えられていたそうです。御年寄は、将軍の態度や言葉使い、あるいは健康状態を観察して、当日の伽役の女性を選んだといいます。

さて、選ばれた女性ですが、彼女はきれいに身体を清めたあと、白無垢《しろむく》の着物に着替え、将軍の寝室である御小座敷へと向かいます。途中、長い廊下があり、左右には女官たちの小部屋が並んでいます。伽の女性は、女官たちの羨望と嫉妬の眼差しを浴びながら、得意気にそこを通過したといいます。

寝室に入る前、いったん控えの間でその女性は裸にされました。凶器や密書を持っていないかを検査するためです。それに無事パスすると、初めて御小座敷入りとなります。

午後10時――いよいよ、将軍のお出ましです。しばらくの雑談のあと、寝具の中央に将軍が横たわると、右側に伽の女性が添います。

ところが将軍の左側には、なんと、これとは別の若い女が少し離れて床につくのです。べつに将軍が、ふたりの女性を同時に相手にするわけではありません。この左側の女性は、御添寝役《おそいねやく》といって、いわゆる伽女の監視役なんです。

さすがに、将軍たちに対しては背を向けていますが、御添寝役は一晩じゅう寝ないで、彼らの睦言《むつごと》や性行為に耳をそばだて、一言一句漏らさずに暗記しなくてはならなかったといいます。

そして翌朝、御年寄に対して、昨夜の出来事を詳細に報告する義務があったのです。なんともばかげた仕事ですね。しかもこの御添寝役は、処女の役目だったといいますから、むごいものです。

そもそも大奥にこんな役職ができたのは、柳沢吉保《よしやす》の息のかかった側室が、寝屋のなかで将軍綱吉に吉保の加増をねだり、百万石のお墨つきを得たことに端を発しているといいます。

つまり御添寝役は、閨房《けいぼう》の政治的利用を回避するための役職だったわけです。

現代では想像もできない話ですが、将軍にとっては全くあたりまえのことで、御添寝役を横に毎夜、子づくりに励んでいたのです。

## 綱吉は大奥の「宇治の間《うじのま》」で正室・信子に刺殺された?

ところで、江戸城の大奥に、不開《あかず》の間があることをご存知でしょうか。

「宇治の間」というのが、それです。部屋を囲む襖全体に、宇治の茶摘みの絵が大きく描かれていることから、そういう名称がついたといわれています。

江戸城は何度も火災に遭い、宇治の間もその都度いっしょに焼け落ちています。ですから、使わない部屋なら、わざわざ再建せずともよいものを、奇怪なことにこの部屋は、焼失のたびに、そっくり元のままに造り直されているのです。

実は、この宇治の間に関して、信じられない言い伝えが残されています。宇治の間は、五代将軍綱吉が刺殺された場所だというのです。しかもその犯人は、正室の信子(鷹司《たかつかさ》氏)だというから驚きます。

正史である『徳川実紀』では、将軍綱吉は流行性の麻疹《はしか》にかかって亡くなったことになっています。しかし、その記述を注意深く見てゆくと、将軍の臨終前後は多少の違和感を覚えてしまうのです。

1708年12月28日、綱吉は発病するものの、病状は大したこともなく、翌年の正月9日には、快気祝いを執りおこなうまでに回復しています。ところが翌日の10日、にわかに容体が急変し、その日のうちに死亡してしまっているんです。

享年は64歳で、当時としては老年の部類に入りますが、快気祝いまでやった人間が、はたして翌日コロリと死ぬものでしょうか。

妙なことは、これだけではありません。

綱吉の死からちょうど1カ月後の2月9日、正室の信子が綱吉と同じ麻疹にかかり、没しているのです。偶然の一致でしょうか。

綱吉の没後70年経って著された『翁草《おきなぐさ》』には、著者が人づてに聞いた話として、綱吉の刺殺説が詳述されています。

それによれば、世継ぎのない綱吉は、寵臣・柳沢吉保に100万石のお墨つきを与え、その子・吉里《よしさと》を次期将軍に据えようと考え、それを正月11日におこなわれる鏡開きの日に、臣下に向かって公式発表することを決めたのだといいます。

これを知って驚いた信子は、ただちに宇治の間にいる綱吉のもとを訪れ、強く諫言《かんげん》しました。しかし綱吉は、いっこうに彼女の言葉に耳を貸す気配はありません。

信子は、自分の意見が受け入れられないことに強い焦りを感じました。このままでは、将軍職が名もなき卑しい者に渡ってしまう。思いあまった信子は、いきなり綱吉に抱きついたかと思うと、懐剣でその胸を貫いて絶命させたといいます。

その後、信子は重臣たちに現場の後始末を命じ、自らは別室に籠って自害して果てたと伝えられます。もちろん今となっては、真相は解明できませんが、いずれにしても、なんとも奇想天外な話ではありますね。

## ついに伊能忠敬《いのうただたか》の大日本沿海輿地《よち》全図が全部そろった！

大日本沿海輿地全図（伊能図）は、伊能忠敬という人物が17年間もかけて全国を測量して歩き、完成させた日本初の実測図です。

忠敬は勉学が大好きな青年でしたが、下総国佐原村の伊能家に婿養子に入ったことで、学問への道を断念して家業に専念することになりました。やがて49歳で息子に家業をゆずって引退しますが、晩年になっても修学への志がやみがたく、翌年とうとう江戸へ出てきます。そして、深川に居を構えて幕府天文方の高橋至時《よしとき》に弟子入りをします。

至時は忠敬より19歳も年が若く、そんな年下の師匠のもとで誠実に数学・天文学・暦学を学び、この知識をもとに全国を測量して歩き、この精巧な地図をつくりあげたのです。なんと実測調査は16年間にわたり、歩いた距離も約4万キロにのぼりました。地球のおよそ1周分の距離です。

ただ、前述のとおり、大日本沿海輿地全図を最終的に完成させたのは忠敬ではありません。まだ地図が完成しない1818年に忠敬は死去してしまったからです。この作図を引き継いだのは、忠敬の師である高橋至時の長男・景保《かげやす》です。こうして景保の監督のもとで地図の編纂が進み、1821年に、ついに完成したのです。

ちなみに、1828年に鳴滝塾《なるたき》のシーボルトが国外追放された（シーボルト事件）のは、海外不出のこの伊能図を持ち出そうとして見つかったからです。これについては、どの日本史教科書にも載っているので、みなさんも知っていると思います。地図を渡したのは、この図を完成させた高橋景保でした。このため景保は逮捕され、獄死してしまいます。

ちなみに、帰国したシーボルトは、1840年、この伊能図を紹介します。けれども、その精巧さにもかかわらず、どうしたワケか伊能図はあまり注目を浴びず、さして広まりませんでした。そのため、ヨーロッパ諸国では、旧来の不正確なアジア地図がその後も使用されていたんです。

そうした状況が変化するのが、1861年のことです。この年、イギリスの測量艦アクティオン号が来日しました。イギリスは、将来的に我が国を植民地にしたいという野心もあったのでしょう、江戸幕府に対して「アクティオン号で日本の沿岸部を測量したい」と要求してきたのです。

幕府はこの申し出を拒絶しますが、それでもイギリス側がしつこく食いさがるため、伊能図を提出して測量の中止を依頼したといいます。

イギリス側は、受け取った伊能図のあまりの精巧さを見て、たいへん驚きました。そのため幕府の言い分を受け入れるとともに、世界地図の日本列島の部分をこれまでの不正確なものから伊能図へと差し替えたのです。

こうして、伊能図がヨーロッパへ普及したのです。

## 欠けていた伊能図のほとんどはアメリカで発見された

ところで、伊能忠敬の大日本沿海輿地全図ですが、実は縮尺の違う3種類がつくられています。小図・中図・大図です。小図は全国を3地域に分けたもの、つまりは全部で3枚。中図は8地域に分けたもの、8枚で1セットです。これに対して大図は、日本列島を214枚に分けたもので、その縮尺は3万6000分の1になっています。

これらの地図の正本は、江戸幕府から明治政府の所蔵に移されましたが、1873年の皇居の火災ですべて焼失してしまいます。なんとも残念なことです。また、伊能家に残されていた正本と同様に、正確に作成した副本のほうも、関東大震災で燃えてしまいました。

ただ、伊能図については、写本が数多く存在したようです。とくに小図と中図に関しては、国内をはじめ、イギリスやフランスなどでも写本が発見されており、すでに全体像は明らかになっています。

けれども、214枚ある大図の写本については、1997年に気象庁の書庫で43枚が一挙に発見されたものの、そのほか国内外をあわせて約60枚程度、すなわち4分の1強しか見つかっていませんでした。

そんな大図の写本が2001年7月、なんと206枚も発見されたというマスコミ報道がありました。しかも、見つかった場所は国内ではなく、ワシントンの米国議会図書館、すなわちアメリカだったのです。

大図を発見したのは、伊能忠敬を研究している渡辺一郎氏で、同年3月にアメリカを訪れたさい、同図書館で大図を見つけたといいます。

その後、渡辺氏は、鈴木純子相模女子大講師、永井信夫日本地図センター理事とともに再度渡米、地図を詳しく精査し、大図の写しに間違いないことを確認したうえで、プレス発表をおこなったのです。

さて、発見された写本ですが、どれもみな畳1枚ほどの大きさで、彩色や図中の建物などが簡略化されており、「軍管」という表記も見られることから、どうやら明治時代の初期に陸軍が作成したものだと考えられます。ただ、どのような理由でアメリカに流出したかはよくわかっていないようです。いずれにしても、この発見により、国内に所蔵されているものをあわせ、未確認の大図はあと6枚になったのです。

うれしい知らせは、まだ続きます。

アメリカの大図に欠けていた部分2枚が、国立歴史民俗博物館（千葉県）に保管されていることがわかったのです。あとは北海道の稚内や京都周辺を描いた4枚だけとなりました。その4枚も2004年7月に見つかったのです。

旧海軍省情報部から海上保安庁が引き継いでいた地図のなかに144枚分の伊能図（写本）があり、これまで見つかっていなかった4枚もそのなかに含まれていたのです。

これにより、伊能図214枚がすべてそろったのです。

大図をすべてつなぎあわせると、なんと東西50メートル、南北38メートルに達するといいます。よくもこれだけの大事業を成し遂げたと、伊能忠敬の偉業に感心してしまいます。

# 第4章
# 近・現代史にも、目からウロコの新事実

## 慶應義塾大学を創立した福沢諭吉の意外な素顔

「天ハ人ノ上ニ人ヲ造ラズ、人ノ下ニ人ヲ造ラズト云ヘリ」

この文言で始まる本を書いた人は誰ですか？

そうです、福沢諭吉ですね。

これは、諭吉が明治時代初めに記した『学問ノス、メ』の冒頭部分です。諭吉はこの本のなかで、「人間は元来平等であり、にもかかわらず、貧富や社会的地位の差が生まれるのは、学問をしたかどうかによる」と断言しました。そして、「だから学問をせよ。そうすれば誰もが立身出世できるのだ」と主張しています。

あたかも時代は明治維新によって四民平等の時代を迎えていたので、この諭吉の考え方は当時の青年たちの絶大な共感を呼び、『学問ノス、メ』は大ベストセラーとなったのです。

ところで、日本史の教科書には、1回しか同じ人物が登場しないのが普通です。ですが、この福沢諭吉という人は、何度も教科書に登場してくる近代史のなかの偉人なのです。

具体的にいえば、慶應義塾の創建、明治初期の啓蒙団体である明六社《めいろくしゃ》の創設メンバー、「私擬《しぎ》憲法案」を作成した交詢社《こうじゅんしゃ》の主宰、日本はアジアを脱して欧米列強と行動を共にすべきだと説いた『脱亜《だつあ》論』といったように、さまざまな場面で彼の名が現われるのです。さすが一万円札の肖像に選ばれるだけのことはありますね。

今回は、そんな福沢諭吉の隠れた一面を紹介したいと思います。

## 9人の子供を分けへだてなくかわいがった子煩悩な諭吉

意外だと驚くかもしれませんが、福沢諭吉はマイホームパパです。明治時代の人物としては珍しく、家庭というものを大切に考えた人だったんです。たびたび一家で小旅行に出かけ、積極的に子育てにも参加しています。

諭吉には1863年に生まれた長男の一太郎を筆頭に、1865年生まれの捨次郎、1868年生まれのさん、1870年生まれのふさ、1873年生まれのしゅん、1876年生まれのタキ、1879年生まれのみつ、1881年生まれの三八、1883年生まれの大四郎と、あわせて9人もの子供がいました。しかも、誰ひとり欠けることなく、立派に成人させています。

子供の養育について諭吉は『福翁《ふくおう》自伝』（諭吉の自伝）のなかで、

「私は九人の子がみんな娘だって少しも残念に思わぬ。ただ今日では男の子が四人、女の子五人、いい塩梅《あんばい》に振り分けになっていると思うばかり、男女長少、腹の底からこれを愛して兎の毛ほども分け隔てはない」

と、子供を平等に扱うことの大切さを述べ、財産も均等に分配するつもりだと語っています。

そんなのあたりまえじゃないか。きっとみなさんはそう思うかもしれません。しかし、長男を戸主《こしゅ》として特別扱いする風潮のなかで、この考え方は当時としてはきわめて特異だと考えてください。

とにかく諭吉は我が子を可愛がり、一太郎と捨次郎をアメリカへ留学させるさいには、息子たちに「留学中手紙は毎便必ず出せ、用がなければ用がないと言ってよこせ」（『前掲書』）と言い含め、諭吉自身も6年間で300通以上の手紙をせっせと認《したた》めているんです。

なんとも子煩悩な父親ですね。

## さまざまな分野で大活躍した、諭吉の子供たち

ところで、そんなパパに育てられた諭吉の子供たちは、どのような人生を歩んだのでし

ようか。気になりますね。

　ちょっと紹介しましょう。

　長男の一太郎は、ニューヨークのコーネル大学や商法学校イーストマンカレッジで学んで帰国し、諭吉の死後しばらくして慶應義塾大学の社頭（学長）となり、父の残した大学をますますの発展に導きました。

　次男の捨次郎は、ボストン近辺のマサチューセッツ工科大学で鉄道関係の学問を学び、帰国後は山陽電鉄に鉄道技師として入社しました。

　さらに諭吉の死後、亡父が創設した時事新報社の経営を担うこととなり、大阪にも時事新報社を設立したり紙面を刷新するなど、部数拡大の経営努力を怠らなかったといいます。同時に慶應義塾評議員や理事などを兼任して学校経営にもたずさわり、1926年に死没しました。

　末子の大四郎は、父が創設した慶應義塾政治科を出たあと、ハーバード大学大学院に留学。帰国後は鐘紡に入社し、さらに日本製鋼所へ移ります。後年は日本瓦斯《ガス》、千代田火災、昭和電力、相模鉄道など多くの企業の重役を兼任、日本加工製紙の創設に加わり社長になるなど、実業界で重きをなしました。

　ちなみに大四郎の長男・進太郎は、フランス文学者として名をなし、その妻でソプラノ歌手アクリヴィとのあいだに生まれた幸雄は、トヨタ・ファクトリーのレーサーとして好成績をおさめ将来を期待されましたが、1969年、テスト走行中に事故によって25歳の若さで死去しています。

諭吉の子供のなかで最も長生きしたのは、四女のタキです。彼女は、なんと1970年まで存命し、94歳で大往生しました。

諭吉には9人もの子供がいましたが、さらにもうひとり養子がいたんです。それが、桃《もも》介《すけ》です。

桃介はもともと埼玉県の貧農の倅《せがれ》でしたが、とても有能だったので後援者を得て、慶應大学へと入学しました。

大学で運動会が開催されたさい、美形の桃介が颯爽たる活躍を見せたので、それが諭吉夫妻の眼にとまり、次女ふさと夫婦になることを条件に、福沢家の養子に迎えられました。桃介は諭吉に可愛がられ、アメリカに留学させてもらっています。

1889年、桃介は約束どおり、ふさと夫婦になりました。その後は株の知識を駆使して株式相場に手を出して大もうけをし、その金を元手に実業界へ進出していきました。

1919年、大阪送電会社を創設し、木曽川水系に賤母《しずも》発電所を設立します。以後、次々に発電所をつくり、電力王の異名をとりました。

さらに代議士になって政界へも進出しています。

やがて、新派劇の美人女優・川上貞奴《さだやっこ》のパトロンとなり、たびたび彼女を伴い、避暑のため三留野《みどの》を訪れたといわれています。

いずれにしても、とっても精力的な人だったようです。

## 小学校中退で世界的な植物分類学者になった牧野富太郎《とみたろう》

牧野富太郎という人物をみなさんはご存知ですか。

そう尋ねられたとき、

「聞いたような気もするが、どうも記憶には残っていない。いったい何をした人だっけ？」

そんな感想を持つ人が多いと思います。

でも、日本史の歴史教科書には必ずといってよいほど、彼の名前は掲載されているんです。

ならばどうして、記憶に残らないのか。

それは、教科書の本文ではなく、明治期における『おもな自然科学者の業績』の一覧表に出ているだけだからです。

この表には、新千円札の肖像になる北里柴三郎、志賀潔《きよし》、高峰譲吉、鈴木梅太郎《うめたろう》、秦《はた》佐八郎《さはちろう》、大森房吉《ふさきち》、木村栄《ひさし》、長岡半太郎、田中館愛橘《たなかだてあいきつ》などが載っています。なんとなく思い出してきましたね。

北里柴三郎や志賀潔などについて、詳しい説明をする学校の先生はいると思いますが、そのほかの人びとは時間の関係から割愛してしまうケースが多いのです。だから、記憶にあるようで、ないような、不思議な感覚になるのだと思います。

今回は、その他大勢として飛ばされてしまうことの多い人物のうち、牧野富太郎について、簡単に講義させていただこうと思います。

## 業績を認められ、理学博士となったのは65歳のときだった

牧野富太郎は、近代日本がほこる世界的に著名な植物分類学者です。

その仕事ぶりは超人的で、国内をはじめ中国大陸や台湾などにも足をのばし、くまなく植物を採集し、なんと６００種におよぶ新種を発見したのです。

これに変種などを加えると、その数は１６００種にも達し、さらに学名の誤りを訂正した植物は約１４００にのぼるといいます。

現在、我が国には6000あまりの植物が存在しますが、このうち1000種が富太郎の命名だといわれています。

どうです？　とてつもない学者でしょ？

だから、どの日本史の教科書にも登場するんです。

生前、富太郎は詳細な植物図鑑を多数作成していますが、現在でもこの図鑑は利用されつづけています。

1862年、牧野富太郎は土佐藩（高知県）佐川村で酒造業「岸屋」を営む佐平と久寿の長男として誕生しました。岸屋は小間物屋も兼業し、豪商であったため、富太郎は何不自由なく幼少年期をすごしました。けれど、3歳で父、5歳で母に死なれ、祖母によって育てられました。

しかも明治維新の混乱期のため、佐川小学校に入学したものの中退するはめになり、学歴はそこで終止符を打ってしまったのです。

ただ、小さいころから非常に植物に興味を持ち、植物学を学びたいという気持ちは抑えられず、ついに22歳のとき上京しました。その後は、東京大学理学部植物学教室に出入りして研究に励みますが、部外者ということで6年後、矢田部良吉教授から出入りを禁じられてしまいます。けれど、矢田部の退官後、植物学教室の助手に採用され、すさまじい研究を展開、次々と論文を発表して日本の植物分類学の第一人者となったのです。

ところが一時、研究室の松村教授と衝突して助手をクビになってしまいます。けっこう血の気も多かったようです。ですが、いっぽうで人に好かれる性質でもあり、多くの仲間の尽力によって嘱託・講師という身分で大学に残ることができました。

いずれにしても、小学校卒という富太郎に、学者の世界は冷たかったようです。

しかし、富太郎はそれにめげず、『植物研究雑誌』を創刊、東京植物同好会を立ち上げ、一般国民に植物学を広めていきました。

こうした長年の業績が認められ、1927年、65歳のときに理学博士の号が授与されました。小学校を最終学歴とする人物が、ついに博士号を取ったのですから、本当にその努力には頭が下がります。

## すき焼きや鰻、そして女性が富太郎の長生きの秘訣だった!?

こうした富太郎の研究を支えてきたのは、牧野の妻・寿衛子《すえこ》でした。ところが博士号を取った翌年、彼女は急死してしまうのです。そこで富太郎は、発見した新種の笹にこれまでの感謝の念をこめ、「スエコザサ」と亡き妻の名をつけました。

69歳のとき、富太郎は交通事故に遭って、負傷するという不幸に見舞われましたが、老いてもますます研究欲は盛んとなりました。78歳のとき、九州の犬ヶ岳で岩にへばりついてシャクナゲを採取しようとして崖から転落しました。それでも植物採取をやめようとせず、なんと翌年、サクラ調査のため満州へ渡り約５０００の標本を持ち帰っています。なんとも強靭な肉体の持ち主です。１９４９年、87歳の高齢で大腸カタルで危篤に陥りますが、このときも奇跡的な回復を見せています。

富太郎は、たいへんなロマンチストだったともいわれています。

終戦後、焦土となった東京を目の当たりにし、「もし私が東京都知事になったら、東京じゅうをサクラの花でいっぱいにし、自動車や飛行機でも花見ができるような都市にしたい。また、日比谷公園全体をガラスで覆い、温室にして熱帯の美しい自然を都民に見せたい」という夢のような希望を語ったといいます。

１９５０年、富太郎は日本学士院の会員に選ばれ、翌年には文化功労者に選ばれて、終身50万円の年金を与えられることになりました。

ちなみに富太郎は、富家で生まれ育ったので、節約ということを知らず、研究のために金を湯水のよう使い、東京大泉にある自宅はボロボロでしたが、これによってようやく生活も安定をみたといわれています。

驚くことに富太郎は、95歳まで生き、１９５７年1月18日に永眠しました。

その研究意欲は90歳を過ぎても衰えず、毎日夜遅くまで研究に没頭、身体が動くかぎりは野外での植物採集をやめませんでした。

参考までにいえば、富太郎の長生きの秘訣は、好物のすき焼きと鰻、そして、女性への興味・関心であったようです。英雄色を好むといいますが、「俺は死ぬまで妻を性的に困らせなかった」と豪語し、猥談を好み、恋愛至上主義を軽蔑しました。

晩年、日劇のストリップショーを見物したことを週刊誌に採り上げられ、「学士院会員の品位にかかわる」と非難を浴びましたが、これに対して富太郎は、「学士院会員は少しでも長生きするのが御国へのつとめ。そのために若い女性に接するのは少しも悪くない」と笑い飛ばしたといわれています。なんとも豪快なおじいさんだったようです。

## 尾崎紅葉《こうよう》の『金色夜叉《こんじきやしゃ》』は、英米の通俗小説が種本だった！

「来年の今月今夜になったならば、僕の涙で必ず月は曇らせてみせるから」

そういって貫一は、熱海の海岸で、金に目がくらんで心変わりをしたお宮を蹴飛ばしました。といっても、今の若い人たちは、いったい何のことかよくわからないでしょう。

でもこれは、かつて何度も新派劇や映画になった『金色夜叉』のなかの名セリフなんです。『金色夜叉』という小説を知っていても、そのストーリーを知らない方も多いでしょうから、簡単にあらすじを述べておきましょう。

一高生（現役の東大生）の間貫一《はざまかんいち》は、下宿する鴫沢宮《しぎさわみや》と婚約しましたが、宮は両親の強いすすめもあって、やがてダイヤの指輪をはめた銀行家の息子・富山唯継《とみやまただつぐ》になびいてしまい、貫一を裏切って唯継と結婚してしまいました。貫一は宮を追いかけていった熱海の地で、この事実を知り、冒頭の言葉を吐いてお宮を蹴り倒し、行方をくらましてしまうのです。

のちに貫一は高利貸として大成功しますが、人びとに忌み嫌われます。お宮のほうも結婚生活がうまくいかず、貫一のもとに戻ろうとするのですが、貫一は絶対にお宮を許さなかったというお話です。まあ、最後の最後、気を失っているお宮に、貫一は許しを乞うていますが……。

ちなみに、こんな話は現代ならばいくらでもゴロゴロところがっています。けれども、当時は人びとの心を揺るがす衝撃的な題材で、新聞に連載中からものすごい評判を呼んだといわれています。

この作品を著したのは、尾崎紅葉です。

尾崎は、山田美妙《びみょう》らとともに日本初の文学結社である硯友社《けんゆうしゃ》を結成し、機関誌「我楽多《がらくた》文庫」を発行するとともに、泉鏡花《いずみきょうか》、徳田秋声《とくだしゅうせい》をはじめ多くの門下生を育て、日本の近代文学の発展に大きく寄与した作家です。

ですから、尾崎紅葉の名は、ほとんどの日本史教科書に登場しています。

紅葉は、井原西鶴《さいかく》の影響を強く受けるとともに、独自の雅俗折衷の文体で『心の闇』『多情多恨』などの傑作を書きました。このうち『金色夜叉』は最晩年の作で、6年間新聞に連載されましたが、紅葉の死去により未完となっています。もし完結していれば、ひょっとすると、貫一とお宮は最後は結ばれたのではないでしょうか。

**戦前までは、種本をいかにアレンジするかが作家の腕の見せどころだった**

ところで、これまでこの『金色夜叉』は『ハムレット』や『嵐が丘』の影響を受けているものの、紅葉のオリジナル作品だと考えられていました。それがなんと、種本があったことが判明したんです！

この事実を発見したのは、北里大学講師の堀啓子氏です。彼女はすでに紅葉作『不言不語』がバーサ・M・クレー（英米の男女数名の執筆集団）の作品であることを特定しており、クレーの著書1500冊のなかに必ず『金色夜叉』の種本もあるはずだとにらんでいたといいます。

ちなみにクレーの作品は、当時英米の女性たちに人気を博していた『ダイムノベル』と呼ばれる通俗小説が中心になっています。

2000年7月、堀氏はミネソタ大学の図書館で『金色夜叉』の種本を探し当てたのです。作品名は『WEAKER THAN A WOMAN（女より弱きもの）』――金に目がくらんだ美貌の女性が婚約者を捨てて金持ちと結婚し、やがて後悔してよりを戻そうとしますが、元婚約者に許してもらえないというもので、まさにそのストーリーは『金色夜叉』と酷似しています。

いまでいえば完全なる盗作、著作権の侵害にあたるでしょう。しかしながら、日本では江戸時代以前から戦前にいたるまで、いかに巧みに種本をアレンジして面白いものにするかが、作家の腕の見せどころでした。ですから紅葉ももちろん、他の作家の著作を種本として用いることが悪いことだなんて、思ってもいなかったのです。彼の名誉のため、一応つけ加えておきますね。

## 二・二六事件のさい、秩父宮《ちちぶのみや》はなぜ急遽東京に戻ってきたのか？

教科書は、日本史のエッセンスのみを記したものです。残念ながらひとつひとつの事件を詳細に語るにはページが足りませんし、ましてや、面白い読み物のようにつくるのは不可能です。だから、そんなことを期待してはいけません。教科書を読んで興味を持った事柄は、やはり自分でそれに関する書物を探して調べるべきでしょう。それが本当の勉強というものです。

事実、歴史的な事件には驚くような真相や裏が隠されていることが多々あります。それをみずから発見する喜びは、私のような歴史オタクにとっては、こたえられない喜びです。

そんなわけで今回は、単なる陸軍青年将校の大規模なクーデターとしか書かれていない二・二六事件の真相に迫ってみたいと思います。

### 反乱の実態は、陸軍の派閥争いが高じた結果にすぎなかった

1936年2月26日未明、陸軍青年将校に率いられた第1師団の歩兵第一・第三連隊を

原隊に復帰する反乱軍、麻布で（毎日新聞社）

中核とする１４８５名が、岡田啓介首相、鈴木貫太郎侍従長ら国家の重臣を次々に襲撃、永田町一帯を占拠しました。このおり、高橋是清《これきよ》大蔵大臣、斎藤実《まこと》内大臣、渡辺錠太郎教育総監が殺害されました。これが世にいう二・二六事件の勃発です。

　首謀の青年将校らは、川島義之陸軍大臣に「蹶起《けっき》趣意書」を手渡しましたが、そこには、「天皇に仕える不義の重臣をすべて排除し、天皇親政のもとに国家改造を断行してほしい」といった趣旨が書かれていたといいます。

　けれども、この反乱の実態は、陸軍の派閥争いが高じた結果にすぎなかったのです。

　当時、陸軍内では、政府を合法的に軍部寄りに変えていこうとする「統制派」と、軍部内閣樹立のためには武力行使も辞さないとする「皇道派」が反目しあっており、今回のクーデターは、劣勢だった皇道派が一気に主導権を奪おうとするものでした。

ところで反乱将校らは、皇道派の真崎《まさき》甚三郎大将を首班とする軍部内閣の樹立を企図し、昭和天皇がこれに反対するときは、自分たちに同調している皇弟・秩父宮を擁立しようと考えていたという説があります。

将校らの期待を担っていた秩父宮雍仁《やすひと》親王は、昭和天皇より1歳年下の同母弟です。子供のころから闊達《かったつ》で、オックスフォード大学への留学経験を持ち、スポーツや登山を好んだため国民からたいへん親しまれており、皇位を継ぐに足る資質を備えていました。

秩父宮はやがて陸軍に入り、歩兵第三連隊に勤務しましたが、まさにこの連隊が、今回の反乱軍の中核を成しており、とくに首謀の安藤輝三大尉、新井薫中尉、坂井直《なおし》少尉は、秩父宮と親しく接したかつての部下でした。

秩父宮は二・二六事件当日、歩兵第三十一連隊に属して弘前《ひろさき》にいましたが、弟の高松宮《たかまつのみや》からの電話で早朝に事件概要を知るや、すぐに休暇届けを提出して上京の準備をととのえ、夜中に列車に乗りこんで東京へと向かいます。

この情報を得た首謀の青年将校らは狂喜し、味方の兵に対して「秩父宮がもうすぐ上京される。さすれば宮が天皇に上奏され、すぐにも真崎内閣が誕生し、我々の目的は達成されるだろう」と公言したといわれます。

秩父宮が、国家改造をとなえる革新将校に敬愛されるようになったのは、どうやら西田税《みつぎ》という人物が遠因だったようです。

西田は、陸軍士官学校で秩父宮と同期で、大川周明《しゅうめい》や北一輝《いっき》など右翼理論家に傾倒しており、一度だけ秩父宮に会って持論の国家改造論を開陳したことがありました。このとき秩父宮が西田の話に理解を示したので、西田は秩父宮を同志だと吹聴しました。このため宮は、革新将校から大いに期待される存在となったのです。

第一次世界大戦以来、我が国の経済は戦後恐慌、金融恐慌、昭和恐慌と慢性的な不況が続いており、国民、とくに農村部の疲弊は深刻でした。

こうしたなかで青年将校や右翼は、「国民が貧困に苦しむのは、腐敗政治家や富を独占する財閥のせいだ」と考え、軍が直接政権を握って国家改造を断行し、平等な社会を創るべきだと確信していきます。

この信念のもとに、彼らは昭和7年に井上準之助元蔵相や団琢磨《たくま》三井合名会社理事長を殺し、現職の犬養毅《つよし》首相を射殺しました(血盟団《けつめいだん》事件、五・一五事件)。

こうしたテロの続発を国民は忌避するどころか、むしろ歓迎し、政治における軍の主導に期待を寄せたため、ますます青年将校をしてその行動を増長させる結果となりました。

この時期、革新的な青年将校と親しく接していた秩父宮も、国民の疲弊に心を痛め、国家革新の必要性を痛感するようになっていました。そしてあるとき、ついに昭和天皇に、「憲法を停止し、陛下が御親政を断行すべきです」と直訴します。

これを聞いて天皇は驚き怒り、「明治天皇が創設した憲法を破壊するなど断じて許されることではなく、私は現在も憲法にもとづき大政を総覧している」と拒絶しました。

しかし、これに秩父宮も反論、その後ふたりのあいだで激論がかわされたといいます。以後、両者の関係は悪化したようです。天皇はおのずから秩父宮を避けるようになり、宮中の重臣も秩父宮の言動を危険視するようになりました。

昭和7年、秩父宮は歩兵第一連隊から参謀本部、さらに弘前の第三十一連隊へ転属となりましたが、この異動には、革新将校と宮との関係を断とうとする天皇の意志が働いていたとする説もあるほどです。

## 秩父宮が兄・昭和天皇を補佐しようと決断した理由は?

二・二六事件のさい、秩父宮が東京へ向かったのは、昭和天皇や宮内省の要請ではありませんでした。むしろ宮中の高官たちは、おとなしく弘前にとどまっていてもらいたいと考えていました。それは、高松宮が秩父宮の上京を宮内省に打診したさい、内大臣秘書官長の木戸幸一《こういち》が、「現在の状況をよく考慮し、ご自身で判断してほしいとお伝えください」と返答していることでもわかるでしょう。

しかし、それでも秩父宮は東京へ向かいました。その意図は何だったのでしょうか。巷説のように、かつての部下が決行したクーデターの正当性を兄に訴え、真崎を首班とする軍部内閣を樹立させようとしたのでしょうか？

違う、と私は考えています。

あくまでこれは推測ですが、秩父宮は居ても立ってもいられず東京へ向かう決心をしたものの、列車に乗りこむ時点においても、まだ己の態度を決めかねていたのではないかと思うのです。

大それた行為ですが、反乱を起こした部下の気持ちは理解できます。いっぽうで兄が断固たる鎮圧を決意していることも想像できました。

将校に味方するか、天皇に協力するか、まずは自分の目で事態を見、そのうえで判断したい、そう考えたのではないでしょうか――。

秩父宮の車両には、途中駅から陸軍大臣代理や宮内省関係者が乗車してきました。彼らは、昭和天皇の考えや現況を正確に宮へ伝えました。秩父宮の気持ちが定まったのは、おそらくこの時点ではなかったかと、私は思うのです。

さて、事件当時の昭和天皇の言動です。

天皇は、自分の重臣を殺害した反乱軍に激しい怒りをあらわにし、本庄繁《ほんじょうしげる》侍従武官長に対し、即座に反乱を鎮圧するよう厳命しました。

ところが本庄は、皇道派に近い陸軍の長老でした。だから、その意志を明確に下達しなかったばかりか、むしろ天皇に対し反乱将校を擁護する言上をおこないます。

また、川島陸相を筆頭とする陸軍首脳部も、反乱軍の強い要求にたじたじとなって、それを容認するかのごとき発言を繰り返していきました。首脳部は、今度は自分たちがテロのターゲットにされるのを恐れるとともに、陸軍が陸軍を討つという状況を是が非でも避けたかったのです。

つまり事態は、昭和天皇の意志とは正反対の方向へ動きだしていったのです。

これは、統帥権《とうすいけん》(陸海軍の指揮権)を総攬《そうらん》する天皇への明らかな冒瀆《ぼうとく》であったといえるでしょう。

天皇はその後も、たびたび本庄を呼びつけては速やかなる鎮圧を要求し、その命令が履行されない現実に不満を募らせ、「奴らは私の股肱《ここう》の臣を虐殺した兇暴な者たち。なにゆえ討たないのか」と難詰、ついには「私が自ら近衛《このえ》師団を率いて討伐する」とまで口に出したといいます。

けれど、それでも鎮圧作戦が開始されることはありませんでした。

こうした昭和天皇の孤立を聞いた秩父宮は、「肉親として、自分は徹底的に兄を補佐しよう」と決意したのです。

## 反乱が終わるまでの3日間、天皇を補佐しつづけた秩父宮

27日夕刻、秩父宮は上野駅に到着します。駅には、近衛師団歩兵第一連隊が待ちかまえていて、そのまま秩父宮を警固して宮中へ同行しました。反乱将校が秩父宮を奪うのを警戒するとともに、宮が反乱軍に接触するのを防止する策だったと思われます。

宮中に着いた秩父宮は、天皇に会う前に木戸幸一から「天皇の苦悩を察し、どうぞ弟として助けてあげてほしい」と依願されました。

世間では、秩父宮が二・二六事件に関係あると噂されており、木戸の発言から宮中に秩父宮に対する不信感が広がっていたことがわかります。

だが、木戸の懇請に対し秩父宮は、「もちろんだ」ときっぱり答えたといいます。

すでに秩父宮の心が定まっていた証拠でしょう。

この後、昭和天皇と秩父宮はふたりきりで話をしています。

会談後、天皇はたいへん機嫌がよくなり、「弟は五・一五事件のときより、ずっと考え

方がよくなった」と周りに話したといいます。

きっと秩父宮が、「自分はあくまでも天皇と行動をともにする」と申し出たのでしょう。以後、反乱が鎮圧されるまでの3日間、秩父宮は昭和天皇のそばにあって、よく天皇を補佐しつづけました。

ですから、この事件のさい、秩父宮が反乱軍に加担して天皇と対立したという噂は、事実無根なのです。

## 神風特別攻撃隊とは、どのようにして生まれたのか?

「レイテ沖海戦で、連合艦隊は全滅状態となった。このときから、特別攻撃隊による体当たり攻撃がおこなわれるようになり、特攻による戦死者の数も増加していった」(『日本史B』実教出版　2018年)

「レイテ沖で連合艦隊は米艦隊に大敗し、日本海軍は組織的な作戦能力を喪失した。この際はじめて、海軍の神風《しんぷう》特別攻撃隊(特攻隊)による体当たり攻撃がなされた」(『詳説日本史B』山川出版社　2018年)

空母サンガモンに急降下突撃する特攻機(毎日新聞社)

誰もが知っている神風特別攻撃隊ですが、日本史の教科書にはこの程度しか記されていません。

ですが、死を覚悟し、爆弾を積んで飛行機で敵艦に体当たりするというのは、人類史上前代未聞の攻撃方法であり、当初はアメリカ兵を恐怖のどん底に突き落としたものでした。

2001年の9・11のテロ攻撃は、あたかも日本人がおこなった神風特別攻撃隊のようだとアメリカのマスコミで盛んに喧伝《けんでん》されました。

しかしながら、日本人誰もが知っている特攻隊ですが、いったいどのような経緯でこうした攻撃が開始され、どのような成果をもたらしたのかを正確に知っている人はどれだけいるでしょうか。

おそらく、ほとんどいないでしょう。それは、歴史教科書の記述からわかるとおり、日本史の流れのなかにおいては、あまり重要なことだと思われてこなかったからです。

しかし、世界じゅうが無差別テロに巻きこまれている今日、やはり「そうした卑劣なテロ行為と特攻隊は違うのだ」とはっきり認識するためにも、私たち日本人は、特攻隊についてしっかり知っておくべきだと思うので、そのあたりのことを詳しくお話ししたいと思います。

## 「特攻の生みの親」といわれる大西中将さえ、特攻には反対だった

当時の国民が神風特攻隊の存在を初めて知ったのは、1944年10月末のことでした。同月29日の東京朝日新聞には「忠烈万世に燦《さん》たり、神風特別攻撃隊敷島《しきしま》隊員、敵艦隊を捕捉し、必死必中の体当り」という大見出しがおどり、次いで特攻敷島隊関行男《せきつらお》以下5名の名が続いています。

記事には、25日に彼らが体当たり攻撃で敵空母1隻、巡洋艦1隻を撃沈した功をたたえる連合艦隊司令長官・豊田副武《そえむ》の布告が掲載され、以下に当時の詳しい状況が記されました。

戦局が悪化していた当時にあって、身を犠牲にした特攻隊の存在は、国民に大きな感銘

を与えるとともに、その絶大な戦果に、あるいは神風特攻隊というものが、この苦境を打開してくれるのではないかという淡い期待を抱かせました。

先に紹介したように、神風特別攻撃隊とは、爆弾をかかえた海軍機で敵艦へ体当たりするために編成された必死部隊をいいます。

隊を創設したのは、大西滝治郎《たきじろう》中将という人です。

大西は同年10月半ば、フィリピンのマニラ司令部に海軍第一航空艦隊司令長官として赴任しましたが、海軍は数日前の台湾沖航空戦で400機近い飛行機を失ってしまい、着任して初めて、使用に耐えうるのは100機程度、うち戦闘機はわずか三十数機にすぎないことを知らされたのです。

すでに米軍は、フィリピンのレイテ島に続々と集結しつつありました。

日本海軍は、ミッドウェー海戦の大敗北以来連敗をかさね、絶対防衛圏のサイパン島も奪われていました。いままたフィリピンを奪回されたら、日本本土と南方占領地域を結ぶ補給路が絶たれ、国内は危機的な状況に陥ってしまうのです。

そのため大本営は、米艦隊がフィリピンに上陸した際には全力をもって決戦をいどむ作戦（捷《しょう》一号作戦）を立てます。

いよいよそれが発動されることになり、10月25日を期して連合艦隊がレイテ湾に突入し、総攻撃をおこなうことになりました。

第一航空艦隊の任務は、連合艦隊を敵機から防衛することにありましたが、この機数ではとうてい不可能なこと。そこで大西は、敵空母への体当たりによって飛行甲板を一時的に使用不能にし、空母からの米軍機の離陸を阻止する道をとったのです。

体当たり攻撃という考え方は、神風特攻隊が誕生する1年前から、軍の各部署から上っていました。

昭和19年になると、海軍の軍令部も特攻兵器「桜花《おうか》」（グライダー式人間爆弾）や「回天《かいてん》」（人間魚雷）の開発に着手、神風特攻隊の誕生以前、すでに「桜花」部隊が発足し、体当たり訓練に入っていたんです。

だからどのみち、特攻はおこなわれる運命だったのです。たまたま、大西が最初に命を下したため、「特攻の生みの親」というレッテルを貼られ、その印象を後世に残すことになったわけです。

大西滝治郎は、マニラへの赴任直前の10月8日、及川古志郎《こしろう》軍令部総長らと会談、「状況からして、もはや特攻しかすべはないかもしれぬ」と語ったといわれています。

先述のように特攻は既定の方針でしたが、内部には反対論も強く、このとき及川も「大本営は了解するが、しかし決して命令はしてくれるな」と大西を諭したといいます。

もちろん当初は大西自身も、体当たり攻撃で部下を死に追いやることには反対でした。昭和18年6月、城英一郎海軍大佐が特攻隊編成案を提出してきた際も許可を出さなかったし、翌年6月、岡村基春大佐から特攻を強く説かれても、「時機に非ず」と受け入れませんでした。

しかしながら、実際マニラに着任して第一航空隊の現状を知ったとき、発動された捷一号作戦を成功させるには、もはやそれしか方法はないのだと、大西も確信してしまったのです。

## 「特攻」決定以前に、自ら敵艦に体当たりした第二十六航空戦隊司令官

ところで、大西の決断には、有馬《ありま》正文《まさふみ》少将の死が影響を与えたとする見方もあります。有馬は第二十六航空戦隊司令官で、温厚で部下思いの将でしたが、以前から航空機による敵艦体当たりを構想していたようで、戦局が悪化してくるにつれ、同僚にしばしばその戦法について語るようになっています。

10月15日、有馬は部下の幹部を集めて特攻の必要性を強く説き、「誰かそのリーダーになる者はいるか」と尋ねています。あまりに突然の話に、幹部たちはただ首を垂れて沈黙したそうです。これを見た有馬は、日頃の温厚さとは打って変わり、部下を烈しく叱りつ

け、「誰もいないなら私がやる！」と明言し、その日の午後、攻撃第四百一特設飛行隊の指揮所をふらりと訪ね、高井貞夫大尉から飛行服を借りるや、一式陸攻に乗りこんで敵艦に体当たりしたのです。

搭乗するさい、少将の階級章をはずし、「司令官用」とペンキで記された双眼鏡の文字を削り、ひとりの飛行機乗りとして飛び立ったといわれています。

10月20日、大本営は有馬の死を国民に公表しました。

東京朝日新聞には、「空母へ先登の体当り、壮烈、航空戦隊司令官有馬正文少将」という大見出しがおどり、国民の感動を誘ったといいます。

神風特攻隊が誕生したのは、まさにこの日のことでした。

その前日、大西はマニラ司令部からマバラカットにある二百一航空隊を訪れ、幹部を集めて特攻隊の編成を命じました。

苦渋の選択だったことは、大西が「特攻なんてものは統率の外道《げどう》だ。その決定を下した私の声価は棺を蓋《おう》ても定まらず、百年のちも知己《ちき》はないだろう」と自嘲した逸話からわかるでしょう。

大西の命令を受けると、すぐさま二百一航空隊副長・玉井浅一中佐が中心になって、特攻隊員の人選が始まりました。うち敷島隊の隊長には、人物・技量にすぐれた関行男大尉が選ばれました。といっても、当時士官搭乗員は限られており、必然的に白羽の矢が立ってしまったといったほうが正しいでしょう。

玉井副長からの唐突な依頼に、関は「一晩考えさせてください」と猶予をねがい、翌日、快く依頼を引き受け、玉井らの前で新妻と父母に遺書を認《したた》めたといいます。しかしながら、その胸中はきっと激しく乱れていたことでしょう。いかんせん、まだ24歳の若者なのです。

関をはじめ、特攻隊員に選ばれた23人は、いずれも20歳前後でした。

「一、現戦局ニ鑑《かんが》ミ第二〇一海軍航空隊艦戦二六機ヲ以テ体当《たいあたり》特攻隊ヲ編成セリ（中体《うち》当一三機）。二、本攻撃隊ハ之ヲ四隊ニ区分、敵空母菲島《ひとう》東方海面出現之《これ》ガ必殺ヲ期シ攻撃セントス……（略）……本攻撃ヲ神風《しんぷう》特攻ト呼称ス」

そう命令書にあるとおり、体当たり隊は「神風特別攻撃隊」と命名され、隊は敷島・大和・朝日・山桜の4小隊に分けられました。

隊名は、本居宣長《もとおりのりなが》の「敷島の大和心を人問わば朝日に匂う山桜花」から採ったといいます。

同21日、関行男を隊長とする敷島隊は、すぐさま出撃しています。けれども、悪天候や敵艦未発見などによって何度か基地へ引き返し、ようやく25日、その目的を達して大戦果をあげたのです。

これをマスコミは「神風特攻第一号」として大々的に取り上げましたが、実は第一号は、敷島隊ではないのです。

同時に編成され、21日に飛び立った大和隊の隊長・久納《くのう》好孚《よしただ》中尉が1号なんです。久納は法政大学出身の物静かでピアノ好きの予備中尉であったそうです。

## 成功率わずか10％の特攻を中止させなかった日本軍の愚行

大和隊は、特攻隊機3、直掩《ちょくえん》（護衛）機2で構成され、セブ島から出発することになっていましたが、突然敵機が飛行場に襲来、5機すべてが破壊されてしまったため、急遽予備機であわただしく出立する不幸に見舞われました。しかも、悪天候のために隊機ははぐれてバラバラになり、いったん基地へ引き返しています。ですが、このとき久納の一番機だけがついに帰還しなかったのです。

久納は出立前、「もし敵空母が発見できないときは、アメリカ艦隊が集結しているレイテ湾へ行くつもりです。そこへ行けば必ず敵がいますから引き返しません」とその決意を語っていたといい、彼がレイテへ向かったのは明らかでした。ただ、久納が敵艦へ体当たりした状況を見届けた友軍機はなく、アメリカ側にもその記録がないことから、失敗に終わったと思われます。

このように実際は久納が第一号なのですが、戦果が確認できなかったため、敷島隊を第一号として大本営はプレス発表したのです。

参考までにいえば、最初に確実な戦果をあげたのも、これまた敷島隊ではないようなのです。それより数時間早く、23日に発足した菊水隊２機が敵空母に突撃して損傷を与えているんです。しかし、戦果を報ずる電報が敷島隊より遅れたため、第一号と認定されなかったのだと伝えられています。

いずれにしても、敷島隊が絶大な戦果を見せたため、軍部はこの効果を認め、陸海軍とも一気に特攻を拡大、翌年４月から始まった沖縄戦では、多くの若い命が特攻機とともに散っていきました。統計によってまちまちですが、特攻による死者は４０００名を超えるといわれています。

特攻は原則的には志願制をとっていましたが、軍隊内にあって拒絶することは非常に困難で、じっさいには強制に近かったともいわれています。

アメリカ軍は最初、狂気の沙汰としか思えない人間爆弾に強く恐怖しましたが、すぐに特攻の防御に力を注ぎ、最終的に体当たりに成功する確率は10パーセントに満たなくなっていたようです。それでも日本軍は特攻を中止せず、若者を殺しつづけました。

結局、１９４５年８月14日、日本は連合国に無条件降伏をして、太平洋戦争に敗北しました。それから2日後、軍令部次長官舎内で、特攻隊を創設したとされる大西滝治郎中将が切腹して果てました。彼の遺書には、次のような文が書かれていたといいます。

「特攻隊の英霊に曰《もう》す。善く戦ひたり、深謝す。最後の勝利を信じつつ肉弾として散華せり。然《しか》れ共《ども》其の信念は遂に達成し得ざるに至れり。吾《われ》死を以て旧部下の英霊と其の遺族に謝せんとす」

大西は特攻隊員を見送るさい、「俺もあとから行くから」というのが口癖だったといいますが、今その約束を果たしたのでしょう。

続けて遺書はいいます。

「一般青壮年に告ぐ。……（略）……諸子は国の宝なり。平時に処し、猶ほ克《よ》く特攻精神を堅持し、日本民族の福祉と世界人類の和平の為、最善を尽くせよ」

この大西の最後の言葉を、現代の日本人は今一度かみしめる時に来ているのではないでしょうか。この国が二度と愚かな戦争に突入しないように……。

## 教科書に記述されはじめた、原爆投下の真の理由とは?

1999年8月、広島市は急速に劣化が進みつつある原爆ドーム(元・広島県産業奨励館)の100年保存を目指し、「史跡保存整備計画」をまとめました。

原爆ドームは、世界遺産にも登録されている人類の宝です。

原子爆弾というものが、人類にどのような悲惨な結果をもたらしたかを知るうえでも、未来へ受け継がせていくべき大切な遺産といえるでしょう。

ただ、この原爆ドームは他の世界遺産とは異なり、1945年8月6日に破壊された状態のまま、保存することが求められるというきわめて稀なケースであり、なおかつ、原子爆弾の衝撃で建物自体が相当いたんでいるから、現状維持をするというのは本当に難しいのです。

とくに1980年になると劣化が進み、天井部分がひび割れたり、鉄骨が露出したりする部分が増えました。そのため広島市では、専門家による保存技術指導委員会を設置し、どのように保存するのが最善なのかについて真剣に検討しました。そして2002年から翌年にかけて、さらに2015年から翌年にかけて保存工事をおこないました。

ところで、いうまでもなく日本に落とされた原子爆弾は、かけがえのない多くの人命を奪い、数えきれない人びとを後遺症で苦しめてきました。

にもかかわらずアメリカ政府は、いまでも、「原子爆弾投下は、正しかった」という愚かな見解を持っています。

同政府はその根拠を、原爆を投下することで早期に終戦が実現され、人命の節約ができたからだといっています。もしアメリカ軍が日本本土に上陸して戦っていたら、アメリカ軍人の50～100万人が戦死していたと言い張るのです。

しかし、それはウソです。

アメリカ政府が当時、本土決戦による犠牲者はおよそ2万～4万人だろうと算出していたことが判明しているからです。

では、なぜ原爆は投下されたのでしょうか？

## 原爆投下は、ソ連への牽制からだった

その理由に関して、二十数年前の教科書では何も触れていませんでした。

しかしながら近年では、

戦争の愚かさを世界に伝えつづける広島原爆ドーム

「原子爆弾を開発したアメリカは戦後世界での優位な地位をえるため、ソ連の対日参戦の前に日本を降伏させようとして、8月6日に広島に原爆を投下し、およそ12万人の命を奪った。そして、8日にソ連が日本に宣戦布告してポツダム宣言にくわわると、アメリカは9日に長崎に原爆を投下して、およそ7万人の命を奪った」（『日本史B』三省堂　2013年）

「原爆投下には、参戦予定していたソ連の影響力をおさえ、アメリカが主導する形で対日戦を集結させるというねらいがあった」（『日本史B』実教出版　2018年）

というように記述されはじめています。

つまり、原子爆弾を使用したのは、ソ連への牽制からだったというのです。

当時アメリカは、主義主張の違いからソ連と対立を深めるようになっており、核爆弾を使用してアメリカの軍事力の大きさを見せつけることで、戦後の国際社会において、ソ連に対して優位に立とうと考えていたのです。

いずれにしても、こんな理由によって無差別にわが国の一般市民が大量に殺されたかと思うと、本当に腹立たしい思いがします。

しかしながら、この2度にわたる愚かな原爆投下という行為が、いかに人類に災厄をもたらしたかということがはっきりしたことで、原爆に対する抑止力が現在でも働いているのは確かだと考えてよいでしょう。

その抑止力でありつづけるため、象徴たる原爆ドームは絶対に劣化させてはならないのです。

## 錚々《そうそう》たる学者一族・湯川秀樹《ゆかわひでき》ファミリーの系譜

1949年、湯川秀樹がノーベル物理学賞を受賞したというニュースは、敗戦に打ちのめされ、経済的にもどん底の生活を送っていた当時の日本人を大きく励ましました。

また、日本人初の受賞であり、日本史にとっても大きな出来事でしたので、ほとんどすべての歴史教科書に湯川秀樹は登場します。

湯川秀樹は、小川琢治《たくじ》の三男として生まれました。そして京都帝国大学物理学科を卒業後、東大、京大の講師を経て京都帝大教授となりました。太平洋戦争後は渡米してコロンビア大学教授となり、そこでかつて発表した中間子理論が高く評価され、ノーベル物理学賞を受賞したのです。

秀樹が湯川姓を名乗っているのは、1932年に大阪の医師・湯川玄洋《げんよう》の娘スミと結婚して、婿養子に入ったからです。

この日本人初のノーベル賞受賞者には、2姉2兄2弟がいます。そのうち秀樹を含め4人までもが、世界的に著名な学者になっているのをご存知でしょうか。

その要因は、家庭環境にあります。秀樹の実父・小川琢治も、世界的な地質・地理学者であり、京都大学の教授だったのです。

ただ湯川秀樹は、

「私は父に抱かれた記憶がない。世間の多くの子がするように、父親のひざに乗って甘えたり、肩先をゆすって物をねだったりしたこともない」

そんなふうに自伝（『旅人』角川書店）のなかで告白しています。

しかし、琢治が子供たちを抱かなかったのは、自分の息子や娘に子供らしさではなく、大人の意識を育もうとしたからだと、秀樹自身が推察しています。

ただ、これは秀樹が大人になって初めて理解できたことであり、青少年時代は、こうした父親に、心のなかで強い反発を感じていたといいます。

とくに琢治は、気性が激しいうえ、誰にも率直に物をいい、相手が気に入らぬことをいうと怒鳴り散らしたから、父親になるべく近寄らず、できるだけ父の前では寡黙を通したといいます。

けれども、この頑固親父は、子供たちに絶大な影響を与えました。先に述べたように、子息がみな父親同様、学問の世界に入っているからです。

ノーベル物理学賞を受賞した三男・秀樹だけでなく、長男・小川芳樹は冶金学、次男の貝塚茂樹は東洋史、四男・小川環樹《たまき》は中国文学といったぐあいに、それぞれの専門分野において大家となっているんです。いくら父親が学者だからといって、一家から4人もの学者を輩出するのは尋常ではありません。

いったいどうしたら、そんなふうに子供を育てることができるのか、気になる方も多いと思います。

そこで今回は、その理由について、琢治の生涯を鳥瞰《ちょうかん》しつつ探ってみたいと思います。

## 多趣味なうえ、膨大な書籍を収集していた父・琢治が子供たちに与えた影響

琢治は1870年、紀伊国田辺の儒者・浅井篤の次男として誕生しました。やがて和歌山中学校に入りますが、17歳になると上京して東京英語学校へ入学します。ところが翌年、海軍兵学校を受験しています。この学校なら官費で勉強ができたからです。それほど、浅井家には経済的余裕がなかったようです。

しかし、琢治は学力検査ではなく体格検査のほうで落ちてしまいます。もともと病気がちで、丈夫な身体ではなかったからです。そこで仕方なく、第一高等学校へ入りました。琢治は在学中、学資援助のため横浜正金銀行の小川駒橘《こまきつ》という人の養子となって東京大学へと進み、駒橘の娘・小雪（秀樹の母）と結婚しました。

琢治は学生時代、文学に傾倒して尾崎紅葉と親しく交わりましたが、ひどい不眠症に悩まされ、療養のため御殿場で静養しているさい、富士山の美しさに魅了され山岳に興味を持つようになりました。次いで郷里和歌山に戻るさい、名古屋や大垣などで濃尾地震の被災地を目の当たりにし、地質学に強烈な関心を抱き、そちらの方面へ進むことになったのです。

つまりは、不眠症と地震が起こらなければ、偉大な学者は生まれなかったわけで、運命とはなんとも不可思議なものだといえましょう。

余談になりますが、遺伝なのでしょうか、湯川秀樹も不眠症に悩まされていたといいます。

さて、琢治です。

彼は大学の地質学教室を経て政府の地質調査所に入り、日本各地さらには台湾、中国の地質調査を精力的におこないました。31歳のときには、日本の代表としてパリの地質学会議におもむき、その後もつぎつぎ新説を発表し、世界的な注目を集めました。

湯川秀樹が生まれる前は、フィールドワークや調査研究で、ほとんど家を留守にしていたようです。信じがたいことに、結婚式前日の晩まで秩父地方の結晶片岩の調査に行っていたといいます。なんともすさまじい研究ぶりですね。

琢治が落ち着いたのは、京都大学の教授になってからのことでした。

京都での琢治は、引っ越しを繰り返しています。それは、蔵書が年々爆発的に増え、本の置き場を確保するための移転だったといいます。

当時の大学教授は高給取りなのですが、琢治が本を買いあさるため、家計はかなり苦しかったようです。

集める本は、自分の専門書だけではありませんでした。多趣味なうえ、気になるテーマはとことん文献を収集しました。また、病気で寝込んだときには、病床に本を積み上げては、これを楽しそうに読んでいたといいます。

秀樹も小学校入学前から父の蔵書『太閤記《たいこうき》』を持ち出して読み、その後も父親の書斎へ入っては、さまざまな本を漁りました。それは、他の兄弟たちも同じでした。秀樹は、自伝『旅人』のなかで「家じゅうにあふれていた書籍が、しだいに私をとらえ出した。そして、それが私の空想に新しい種を与えた」と回想しています。

すなわち、小川家から4人もの学者が輩出した要因は、同家に膨大で多種多様な蔵書があったからだと考えていいでしょう。しかも、そうした本を集め読むことに嬉々としている厳父・琢治の存在を見て、子供たちが学問の世界に強烈な興味、関心を抱いたのだと思います。

もし息子を偉い学者にしたいのでしたら、膨大な本を買いこみ、自らこれに親しむことですね。

つぎに、湯川秀樹の兄弟についても、簡単に紹介しておきましょう。

## 秀樹兄弟に学問の基礎を叩きこんだのは祖父の駒橘だった

琢治の次男・貝塚茂樹は、一般にもなじみの深い歴史家です。

茂樹は京都帝国大学史学科を卒業し、東方文化研究所研究員となり、中国古代史の研究に打ちこんで、その研究成果を評価され、1948年に朝日文化賞を受賞、京都大学教授となりました。

1957年には、日本ユネスコ国内委員となり、翌年にはコロンビア大学客員教授として渡米しています。また、『中国古代史学の発展』『毛沢東伝《もうたくとう》』『諸子百家』『論語』など、すぐれた著作をつぎつぎ発表していきました。

茂樹が貝塚姓を名乗るのは、41歳のときに貝塚家の養子になったからです。

先述したように、秀樹は父とソリが合わず、あまり口をきかなかったようですが、茂樹はよく琢治に議論を挑み、癇癪《かんしゃく》が起こりそうになると巧みに避けたと伝えられます。

琢治にいちばん可愛がられたのは、四男の環樹だったようです。琢治は、中国文学に興味を持っており、この分野で我が家から学者を輩出したいと望み、中学時代から漢学を得意としていた環樹に目をかけたのだと茂樹は証言しています。

5人兄弟だったから、よく兄弟ゲンカをしたといい、そのなかで最もよく泣いたのは、秀樹だったと、長兄・芳樹は証言します。

あの、世界の湯川秀樹博士が泣き虫だったなんて、ちょっと想像できませんね。

秀樹兄弟の実父・琢治は、『礼記《らいき》』に「君子は孫を抱くも、子を抱かず」とあるのを楯にとって、研究に没頭して子供をかえりみませんでしたが、これに対して彼らに強い愛情を注いだのが、同居していた母方の祖父・小川駒橘でした。駒橘は紀州藩士で、維新後は福沢諭吉に学び、横浜正金銀行に入りましたが、ハワイ支店長として赴任することを嫌い、57歳で退職し、悠々自適の生活をおくっていました。

秀樹兄弟は、幼いころからこの祖父に各地に物見遊山に連れていってもらっています。また、幼年期から全員に中国古典を素読させるなど、秀樹兄弟に学力の基礎を叩きこんだのは祖父の駒橘でした。

駒橘は「自分は子孫に何の財産も残さなかったかわりに、人に何の怨恨も残さなかったつもりだ」と語り、これが小川家の家訓だったと伝えられています。

このように、実父と祖父のふたりが、秀樹兄弟に大きな影響を与え、優秀な学者が4人も生まれたのですね。

## 非核三原則は守られず、小笠原には核が配備されていた!

太平洋戦争に敗れたわが国は、戦後、連合国軍に占領されましたが、じっさいにはアメリカの単独統治下に置かれたといってよいでしょう。ただ、同じ敗戦国であるドイツのように直接軍政はしかれませんでした。マッカーサー元帥率いるGHQ（連合国軍最高司令官総司令部）の指令や勧告にもとづいて日本政府が国民の統治をおこなう「間接統治」という方法がとられたのです。

ただ、琉球諸島や小笠原諸島については、間接統治ではなくアメリカ軍の軍政がしかれました。軍事的な要衝だったからでしょう。

じっさい、沖縄には多くの米軍基地が置かれ、１９７２年にアメリカから日本に返還される前、沖縄に核兵器が配備されていたことはよく知られています。

ところが近年、小笠原諸島にも、核兵器が配備されていたことが、アメリカ政府機密文書から明らかになったのです。

１９９９年12月、それまで公にされていなかったアメリカ政府の機密文書が公開されました。そのなかに、１９５０年代後半から１９６０年代にかけてのアメリカ統合参謀本部の文書があり、そこに、小笠原諸島の父島と硫黄島に核兵器が配備されていたことが明示されていたのです。

機密文書によれば、父島には１９５６年から６５年にかけて、核爆弾、潜水艦発射用核ミサイル、地対空ミサイルの核弾頭が配備され、硫黄《いおう》島には核爆弾や核物質だけを抜いた核弾頭が配備されていました。

小笠原諸島は、潜水艦や爆撃機の補給基地として戦略的に重要な島々だったため、このような核配備がなされたのでしょうが、この島々に核兵器があったことは、この機密文書の公開によって、初めてわかったのです。

しかし、この機密文書からは、もっと驚くべきことが判明しました。

なんと、小笠原諸島が1968年に日本に返還されたあとも、日本政府はアメリカ政府に、「緊急の場合は核兵器を持ちこむことを認める」という秘密内諾を与えていた内容を強く臭わせる文書が出てきたのです。

## 秘密裏におこなわれた日米の合意で核が持ちこまれる可能性も

両国の秘密合意は、1968年4月10日に取り交わされたようです。

しかし、これは許しがたい日本政府の国民への裏切り行為だといえます。というのは、1967年12月、時の佐藤栄作首相は、国会の答弁で「世界唯一の被爆国である日本は、核兵器を作らず・持たず・持ちこませず、という方針を堅持する」と堂々と宣言したからです。これを俗に「非核三原則」と呼びますが、それからわずか数カ月後に、そんな公約をしたのをまるで忘れたかのように、こうした秘密合意をおこなっているのです。

ただ、日本政府も積極的に核兵器の持ちこみを許したわけではなく、アメリカの強い要求で仕方なくといった面があったようです。

小笠原諸島の返還交渉は1960年代半ばに本格化しましたが、先述のように同諸島は戦略的に重要な地域でしたから、米軍は返還を渋っていまして、「もし返還するならば緊急時に一時的に核兵器を保管させよ」という条件を、アメリカ政府は日本側に強く突きつけてきたのです。

これに対して日本政府は、「もしそんなことが国民に知れたら、きっと国民が許さないだろう」と、その要望を拒む姿勢をみせたのですが、アメリカ側は「秘密合意を正式文書に残さず、外務省で代々引き継いでくれたらそれでよい」と譲歩して、合意を求めたのだといいます。

時の外務大臣・三木《みき》武夫《たけお》は、日本の非核三原則を強調してこれを拒絶しようとしましたが、アメリカ政府が強く反発して、ついに合意が結ばれたのだといわれます。

当然、この合意は現在も継続していると思われ、もし緊急事態が発生した場合には、小笠原諸島には核兵器が持ちこまれる可能性があるのです。

いずれにしても、このような合意が日米間で秘密裡になされたというのは、国民に対する裏切り行為であり、ショッキングな事実だといえます。

**河合 敦**（かわい・あつし）

1965年、東京都に生まれる。青山学院大学文学部史学科卒業。早稲田大学大学院博士課程単位取得満期退学（日本史専攻）。現在、多摩大学客員教授。早稲田大学で非常勤講師もつとめる。
第17回郷土史研究賞優秀賞（新人物往来社）、第6回ＮＴＴトーク大賞優秀賞、2018年雑学文庫大賞（啓文堂主催）を受賞。『世界一受けたい授業』（日本テレビ）、『ぶっちゃけ寺』（テレビ朝日）などテレビ出演も多数。
主な著書に『日本史は逆から学べ！』（光文社 知恵の森文庫）『逆転した日本史』（扶桑社新書）『テーマ別で読むと驚くほどよくわかる日本史』（PHP）などがある。

本書は、2006年、2012年に小社が発刊した書籍を大幅に加筆修正したものです。ただし、研究者等の肩書きについては元本発行時のままとしています。

P197写真：とーてん／PIXTA

二見レインボー文庫

# 世界一《せかいいち》受《う》けたい日本史《にほんし》の授業《じゅぎょう》

著者　河合《かわい》 敦《あつし》

発行所　株式会社 二見書房
東京都千代田区神田三崎町2-18-11
電話　03(3515)2311［営業］
　　　03(3515)2313［編集］
振替　00170-4-2639

印刷　株式会社 堀内印刷所
製本　株式会社 村上製本所

落丁・乱丁本はお取り替えいたします。
定価は、カバーに表示してあります。

ISBN978-4-576-19083-9
https://www.futami.co.jp/